Snow Man

To The LEGEND

─ 伝説へ ─

あぶみ瞬

太陽出版

プロローグ

Snow Manのセカンドシングル『KISS IN, MY LIPS／Stories』が音楽チャートの〝オリコン週間シングルランキング（初週917,842枚）〟と〝Billboard JAPAN Top Singles Sales（初週939,589枚）〟で共に首位を獲得。

デビュー曲の『D.D.／Imitation Rain』がSixTONESとの合算だからオリコンチャートでミリオンを記録した」などの雑音まで見事に封じ込めた。

「2010年10月27日にリリースされたAKB48の『Beginner』以来、シングルチャートの年間1位と連続ミリオンは、ずっとAKB48が独占してきました。しかし2020年の今年、ようやくその記録の一つ、年間1位を『D.D.／Imitation Rain』が奪取することは確定的。さらにセカンドシングルの『KISS IN, MY LIPS／Stories』もミリオンセールスを達成すれば、KinKi Kids以来（『硝子の少年』『愛されるより愛したい』）、デビュー曲から2作連続ミリオンの大偉業になります」（音楽関係者）

この大ヒットにＳｎｏｗ Ｍａｎリーダーの岩本照は、公式にこんなコメントを発している——。

『『ＫＩＳＳＩＮ'ＭＹ ＬＩＰＳ／Ｓｔｏｒｉｅｓ』をたくさんの方々に手に取っていただき、
見事1位を取ることが出来ました。
本当にありがとうございます。
ファンの皆様と共に歩んできたＳｎｏｗ Ｍａｎの歴史に、
また新たな1ページを刻むことが出来ました。
これからも日々精進し、皆様と僕たちＳｎｏｗ Ｍａｎとで一歩ずつ階段を登りながら、
また新たな景色を共有していきたいと思います』

すでに今年、グループ初のミリオンセールスを達成した嵐『カイト』(7月29日発売)の初週売上げが９１０，８６０枚（オリコンチャート）で、『ＫＩＳＳＩＮ'ＭＹ ＬＩＰＳ／Ｓｔｏｒｉｅｓ』は
それさえも上回っている。
このまま順調にヒットすれば、年間1位2位をＳｎｏｗ Ｍａｎが独占することも夢ではないだろう。

「そんなSnow Manをいきなり目の敵にしているのが、その嵐の熱狂的なファンたちです。グループの活動休止を目前にSnow Manに年間1位2位を奪われることにでもなれば、さらに不満の声が大きくなるでしょう。相手が今年デビューの新人だけに余計です」(同音楽関係者)

とはいえ、そもそもSnow Manのファンがネット上で嵐との対決を煽ったフシもあるとか……。

「自分が応援するグループがチャートのトップに立つのは間違いなく嬉しい。しかしSNSに〝嵐のカイトより早いスピードでSnow Manミリオン狙える〟〝嵐のFC会員が300万人、Snow ManのFC会員が30万人。ミリオンの重みが10倍違う〟などと書き込んだことで、一部の嵐ファンが敏感に反応してしまったのです」(同氏)

すると嵐の『カイト』が1形態の発売だったのに対し、『KISSIN' MY LIPS/Stories』は6形態を購入しなければ特典をコンプリートすることが出来ないため、「FC会員が10倍? 嵐が6形態出したら600万枚売れるんだけど」「つまり90万枚÷6形態で実質15万枚しか売れてない」と、やり返されてしまったのだ。

ファン同士が険悪になるのは残念でならない。

もちろん嵐もSnow Manも、そんなことは望んでいないだろう。

「考え方によっては、Ｓｎｏｗ Ｍａｎが〝脅威的な存在〟として、嵐ファンに警戒され始めているということです。Ｋｉｎｇ ＆ Ｐｒｉｎｃｅに対してもＳｉｘＴＯＮＥＳに対してもそこまでの声は上がっていなかったので、活動休止期間中に〝Ｓｎｏｗ Ｍａｎに天下を獲られてしまうかも〟……と、本能的に感じているのでは。そうであるなら光栄なことだと思えばいいんですよ」（同氏）

いつの時代も頂点に立つグループと、頂点を狙うグループのファン同士は、多かれ少なかれぶつかるもの。

正直なところＳｎｏｗ Ｍａｎはまだまだ嵐の足下にも及ばないと思うが、彼らは無限の可能性を秘めていることも事実。

それを嵐ファンが独自の嗅覚で嗅ぎ取っているのだ。

こうしてシングルがヒットすることで、Ｓｎｏｗ Ｍａｎのパフォーマンスがたくさんの人の目に留まる。

そしてそこから、本当の〝勝負〟が始まるのだから。

そう、これまではＳｎｏｗ ＭａｎとＳｉｘＴＯＮＥＳが揃ってのプロローグ。

〝Ｓｎｏｗ Ｍａｎの第１章〟は、ここから幕を上げるのだ――。

目次

Snow Man

To The LEGEND

―伝説へ―

1st Chapter

岩本照

Hikaru Iwamoto

〝デビューコンサート〟で掴んだ手応えと自信

『最近、よくそういう声を耳にするし、マスコミ関係者の期待も感じる。
実際に俺たちにも「どうせやるからには」――と、心に秘めた想いはあるけど、
現実問題として相手は世界的なグループ。
俺たちがその言葉を堂々と口にするためには、もう少し時間がかかるんじゃないかな？
でも必ず言ってみせますよ！』〈岩本照〉

10月22日から4日間、全9公演の無観客ライブ『Snow Man ASIA TOUR 2D.2D.』を生配信したSnow Man。

デビュー以来、9人での単独コンサートは、配信とはいえ〝初〟となり、さらに初日公演を10月25日現地時間午後7時から中国で配信。

ジャニーズ事務所はこれまでに中国でコンサートを行ったことはあるが、ライブ配信は初めてとなる。

「今、中国では〝あのグループ〟がいろいろと問題になっているので、Snow Manの明確なターゲットとするためにも中国で配信して評判を知りたい。岩本くんは『Snow Manはまだ**名前を挙げられる立場にない**』――と言うものの、ジャニーズ事務所の戦略は動き始めているのです」

冒頭の岩本照のセリフと合わせて耳打ちするのは、テレビ朝日『ミュージックステーション』制作プロデューサー氏だ。

「勘の良い皆さんは岩本くんのセリフだけでおわかりでしょうが、ジャニーズがターゲットにし、岩本くんたちも〝ライバル〟と名前を挙げたい相手。もちろんKING OF K-POPの〝BTS〟ですよ」（『ミュージックステーション』制作プロデューサー氏）

アメリカ本土のビルボードチャートで1位を獲り、世界ツアーはどの会場もチケットが瞬時に売り切れるBTS。

日本以外での知名度では相手にならないほどの〝巨人〟を相手に、Snow Manは真っ向から勝負を挑もうというのか。

「韓国の国会議員の間からBTSの兵役入隊延期を望む声が上がるように、現行制度の入隊年令では間もなく最年長メンバーから順に入隊が始まってしまいます。これまで数多くの大人気K‐POPグループが〝入隊の壁〟で活動休止を余儀なくされ、さらにその間、多くのファンがライバルグループや新人グループに流れてしまったように、BTSもK‐POPアーティストの宿命からは逃れられません。しかしそうなると韓国経済にも少なからず影響を及ぼすため、BTSに限っては入隊延期が議論されるほど。今回の中国配信は、そのBTSの〝巨大なお得意様〟でもある中国の音楽ファンに、Snow Manをアピールすべき絶好のタイミングでもあるのです」（同制作プロデューサー氏）

相手がどれほど世界的なアーティストでも、一歩も引けを取らないパフォーマンスを披露すれば注目が集まり、話題の的になる。

ことアクロバットの面でいえば、すでにBTSは相手になるまい。

「BTSの兵役問題、中国政府を不快にさせた政治的な発言など、ほとんどのマスコミ関係者は言葉は悪いのですが〝チャンス〟だと思っています。Snow Manのメンバーにもその空気は伝わり、岩本くんも戸惑いながらも前向きに発言してくれたのでしょう」（同氏）

岩本は〝デビューコンサート〟について堂々と――

『配信だからといっても、画面から伝えられる熱量には自信しかない』

――と断言し、全23曲のステージを魅了してくれた。
さらにそのうちの9曲の振付を担当し、セルフプロデュースに長けている点もアピール。
阿部亮平は――

『いつか「Snow Manのデビューライブを見たんだよ」って誇れるような、そんな伝説のグループに成長します』

――と、ハッキリと掴んだ手応えに頬を紅潮させていたという。

『新型コロナでほとんどのスケジュールが飛んでしまったけど、でも今はこの配信ライブが人生初、最初で最後の〝デビューコンサート〟だったことが本当に嬉しい。それは俺以外のみんなも同じ気持ちだったしね。これからも自分たちにとっての〝初〟だけじゃなく、ファンのみんなにとっても〝初〟となるような偉業を、次から次に届けられるようになりたい。いろいろな期待やプレッシャー、それらもすべて楽しみに変えられるように、結果を出し続けることを誓いたいですね』

配信での〝デビューコンサート〟を終えて、確実に掴んだ手応えをそう語った岩本の言葉には、自信が満ち溢れている。

確かに当初考えられていたデビューコンサート、アジアツアーとは180度変わってしまったことは事実。

だからこそ今、改めて感じることが出来たのだ。

岩本照が胸を張って語ったように、どんな形でも彼らの熱量、パワーには微塵の陰りもなかったことを——。

自粛期間に築かれた岩本照とメンバーの〝深い絆〟

Snow ManのCDデビューからおよそ2ヶ月後、写真週刊誌『FRIDAY』で報じられた未成年女性との飲酒がきっかけで、ジャニーズ事務所は3月30日、岩本照に一定期間の芸能活動自粛処分を下したことを発表した。

「実際には2年半も前の出来事で、Snow Manを贔屓していないことを証明するために下したような処分でしたね。その後、丸3ヶ月間の自粛を経て7月1日から活動を再開。映画『滝沢歌舞伎ZERO 2020 The Movie』のクランクインに合わせたわけですが、岩本くんは欠かせないメンバーだけに必然的な復帰だったと思いますよ」（スポーツ紙記者）

岩本とSnow Manにとって〝幸運〟だったと言えるのは、新型コロナ感染によるテレビ番組の収録中止、緊急事態宣言の発令が自粛期間に重なり、仮にジャニーズ事務所が処分を下さなかったとしても、ほぼ活動がままならなかったであろうことだ。

「阿部くんはクイズ番組にリモート出演していましたが、Snow Manとして出演する番組も収録が中止。こういう言い方をするとファンの皆さんには失礼かもしれませんが、岩本くんの自粛そのものが与えた影響は最小限に留まりました」（同スポーツ紙記者）

本人は、Johnny's Smile Up! Project関連の仕事が出来なかったことを後悔しているというが、ジャニーズ事務所は様々な支援活動を引き続き継続するので、これからまだまだ積極的に関わる機会が訪れるだろう。

「岩本くんは、自粛期間は自宅に籠り、己れを見つめ直す時間に当てていたそうです。だからでしょうか、岩本くんが言うには『**メンバーも、逆に申し訳ないぐらいフォローしてくれた**』――そうです」

岩本照とは個人的な交流があるTBSテレビ制作スタッフ氏は、

「僕も2週間に一度ぐらい〝元気してる?〟と様子を窺っていましたが、そのたびに返ってくるのが、『**今さっきまで阿部ちゃんとリモートしてた**』――の返事でした」

――と明かしてくれた。

「〝リモートしてた〟とはLINEのビデオ通話のことですが、複数のメンバーとZoomを使ってリモートトークをしたり、僕らが思っている以上に互いに連絡を取り合っていたようです。こういう状況の下でも、密に連絡を取り合うのはグループの絆をより強くします」（TBSテレビ制作スタッフ氏）

しかしその阿部ちゃんこと阿部亮平は、ビデオ通話をしても岩本の様子を心配そうに窺うわけではなく、もっぱら〝筋トレメニューの相談〟を持ちかけてくるばかりだったという。

『いや、それが本当に嬉しくて。
やっぱり阿部ちゃんは頭の良い人だから、
あの当時の俺にどう接すればいいかも、ちゃんと考えてくれていたんだと思う。
たとえば〝今どうしてる〟とか〝何を考えてる〟とか、
ガチ系の話は「きっと翔太と話してるんじゃないか」――って考えて、
「じゃあ自分は照が一番気楽に話せる筋トレの話をしよう。
全然関係のない話で盛り上がろう」――って。
それが阿部ちゃんの人柄なんだよ』

振り返ってそう話す岩本。
これぞまさに、真の友情であり絆ではないか。

『ランニングの最中に、

「今日はこれだけ走ってるけど、タンパク質は鶏肉だけで大丈夫かな」

「こっちは晴れて暑いけどそっちは? あまりエアコン強くしちゃダメだよ」――みたいな。

そういう会話が出来る相手がいてくれて、自粛だけどネガティブになりすぎない、
むしろ筋トレの話で気持ちをポジティブにしてくれる。

本当、阿部ちゃんには感謝しかない』

――岩本は阿部への感謝の気持ちをそう語った。


『ビデオ通話で照の顔を見たら、やっぱりやつれていたんです。

仕事もないし外にも出ないから、無精髭も伸びっぱなしで。

そんな照を見たら、

「自分が追い込むようなことを言ってはいけない。

アイツが一番話しやすいネタを自然に振らなきゃ」――と思って。

気がついたら筋トレメニューの相談をしてました(笑)』

そう話す阿部の発言を聞けば、阿部の気持ちが岩本に通じていたことがわかる。

『今さらだけど、
あの自粛は自分自身を鍛え直す機会を与えてもらったと同時に、
〝メンバーの大切さを改めて実感する〟――そんな3ヶ月間でしたね』

そう語る岩本照の目は、誰が見てもウルウルだったという――。

岩本照が名前を挙げる〝具体的なライバル〟

「岩本くんは口にこそ出しませんが、結構焦ってますね。僕が〝彼ら〟のことを話すと、『ふ〜ん。今そんなことやってんだ〜』……なんて無関心を装ってますが、深澤くんに言わせると『アイツは毎週チェックしてると思う。でも別に毎週出てないよね?』――と笑っていましたから」

元日の夜、地上波特番第2弾としてオンエアされる『それSnow Manにやらせて下さい』(TBSテレビ)。

通常は動画配信サイトParaviで配信中の冠番組だが、特番の情報が解禁された数日後には、早くも一部メディアに、

「Snow Manはジャニーズバラエティ担当の新星」

「現在のジャニーズで元日の夜に特番がオンエアされるのはTOKIO、嵐に次いで3組目の快挙」

――など、盛大に報じられた。

「それを目にしたメンバーは、いい意味で励みにして発奮しています。何だかんだいって彼らはまだ1年目。バラエティ番組のスキルも徐々に上がってはいますが、さすがにまだTOKIOや嵐と並び称されるほどでは……。しかし一方、来年は活動休止に入る嵐と、3月いっぱいで長瀬智也くんが退所するTOKIO。体を張ったバラエティが出来る素材の確保は、ジャニーズにとって喫緊の課題。Snow Manにチャンスが訪れているのも間違いありません」

話してくれているのは、その『それSnow Manにやらせて下さい』制作スタッフ氏だ。

「現在、地上波やBS放送でバラエティのレギュラー番組を持っているデビュー組は、TOKIOからジャニーズWESTまで。つまりKing & Prince、SixTONES、そしてSnow Manの3組以外は、地上波のレギュラー番組で経験を積んできたのです。ところがそんな先輩たちでさえ、メンバー個人のバラエティ適性は別として、TOKIOと嵐の〝後継者〟と目されるグループになり得ていないのが現状です」（『それSnow Manにやらせて下さい』制作スタッフ氏）

要するにすでに冠番組を持つ先輩たちは、暴言覚悟で言えば「この先、TOKIOや嵐を脅かすほどの伸び代もない」ということ。

なるほど、テレビ界の注目がKing & Prince、SixTONES、Snow Manに集まるのは当たり前か。

『Jr.時代からずっと張り合ってきたからこそ、ジェシーの『有吉ゼミ』と、慎太郎の『鉄腕!DASH!!』は気になるんですよ。しかもジェシーはあのヒロミさんに〝滝沢くんの後継者〟としてハマってるし、慎太郎はいかにもDASH島が合いそう。メンバーには完全に見破られてるけど、基本的には両方とも録画してチェックしてる。アイツらは〝具体的なライバル〟だから』

――そう言って岩本が気にしているのも無理はない。

ジェシーは『有吉ゼミ』(日本テレビ)の〝八王子リホーム社〟で結果を出し、『24時間テレビ』のスペシャル企画でもその実力を発揮しているのだから。

『最近チェックしたのは山梨のキャンプ場でウッドロッジを北欧風自給自足ハウスに大改造する、約6ヵ月間の長期プロジェクト。

ヒロミさんにガンガン叱られて、ジェシーもブツブツ反抗しながらもロッジを完成させると、見てるこちらにまで感動の嵐が押し寄せる。

あれはズルいよね。

でも頑張って作ってるから、イチャモンつけるのもカッコ悪い（苦笑）』

――ジェシーについてそう話す岩本。

一方の森本慎太郎は、すでにTOKIOリーダー・城島茂から後継者の〝お墨付き〟を。


『〝ザ・野生児〟って感じだもん。

あっちはちょっと……慎太郎でいいよ。

でも昔のスノープリンス合唱団時代の慎太郎から知ってるから、いつの間にあんなゴリっぽい体型になってたのか、あいつにはなかなか謎が尽きない面白さもある（笑）』

これが森本についての岩本の分析。

ところで現状、Ｓｎｏｗ Ｍａｎの〝個人バラエティ担当〟は向井康二や目黒蓮、ラウールの役割になりつつある。


『俺だって負けないよ！

こう見えて先輩方の個性や適性を分析するのも得意だし、誰とは言えないけど、「こんなネタどうですか？」——って、アドバイスすることもあるんだからね！』


バラエティ担当への意欲も燃やす岩本照。

まずは２０２１年１月１日、岩本率いるＳｎｏｗ Ｍａｎ軍団のバラエティ能力を存分に楽しませて頂くとしよう。

そこには、リーダー岩本が挙げた〝ライバル〟たちを蹴散らすほど、パワー全開のＳｎｏｗ Ｍａｎ９人の姿があるはずだ——。

2nd Chapter

深澤辰哉

Tatsuya Fukazawa

気づかされた〝3枚目担当のやりがい〟

映画『滝沢歌舞伎 ZERO 2020 The Movie』の町娘コスプレが大好評（?）の深澤辰哉。

一般の視聴者にはまだまだ浸透していないが、Snow Manでの役回りはいわゆる〝3枚目〟で、鉄板の持ちネタは「松本潤くんの物真似をする河合郁人くん」の物真似。

しかも真似をされた河合ではなく、間接的に物真似をされた松本潤から――


『河合の物真似よりも笑って見られる』


――と、ある意味ではお墨付きをもらった逸品だ。

これからも〝関西お笑い界からの刺客〟向井康二と共に、Snow ManのMCやトークを盛り上げてくれるに違いない。

「東京のJr.に〝お笑い担当〟を目指してオーディションを受ける子はいませんし、深澤くんももともとは〝カッコよくキメて女子にキャーキャー言われたい〟と思って、Jr.に入ってきたはずです。それが滝沢くんのひと言で〝3枚目路線〟に進むことになり、当時はしばらく悩んだとも聞いています。しかしお陰でSnow Manには欠かせないメンバーになったわけで、今では滝沢くんには足を向けて寝られない気持ちでしょう」

テレビ朝日でジャニーズJr.の番組を長く担当してきたプロデューサー氏は、

「実は正直に言って、Mis Snow Man時代の深澤くんはほとんど認識していません。Jr.のステージでMCを担当する姿を見て、ようやく顔と名前を覚えたぐらいですから」

――深澤に出会った当時を振り返り、そう言って頭を掻いた。

滝沢秀明から――

『お前は2枚目でカッコつけるタイプじゃない。
3枚目で存在感を示していけ』

――と厳命され、生き残る道を模索した少年時代が、今の深澤の源流になっているということか。

「入所からしばらく、何かにつけて〝カッコつけたがり〟の深澤くんを見た滝沢くんは、『**この子は3枚目担当のほうが芽が出る**』——と直感したそうです。そこでA.B.C-Zの河合くん、ふぉ〜ゆ〜の辰巳（雄大）くんに『**深澤を気にかけてやってくれ**』——と頼み込み、2人はちょくちょく深澤くんを食事に連れ出すようになったのです。河合くんと辰巳くんから公私に渡って面倒を見てもらいながら、深澤くんは3枚目担当ならではの〝やりがい〟を感じたといいます」（テレビ朝日ジャニーズJr.担当プロデューサー氏）

〝3枚目担当のやりがい〟について、深澤自身はこう話す——。

『ステージで踊っていても、お客さんの大半は俺を見ていない時がある。
でもMCでトークを回す時は、お客さんの視線を独り占めする瞬間がある。
俺のトークやリアクションで一斉に沸くことがある。
その快感を味わったことで〝3枚目担当〟になるやりがいを感じたんです』

するとそんな深澤に、河合と辰巳は――

『トークが出来ればそれでいいわけじゃない。
他のメンバーに負けないパフォーマンスをした上で、トークで笑いを取る。
それが3枚目担当、最低の役割だから』

――と、高い要求を突きつけたのだ。

「河合くんがジャニーズ物真似でブレイクしたのも、辰巳くんがジャニーズ初の本格落語に挑戦し、さらに福田(悠太)くんとM-1グランプリの予選に出場したのも、すべては誰にも文句を言わせないパフォーマンスのレベルを保った上で、新たな面を見せてくれたからです。かつて〝俺はトークが面白いんだからパフォーマンスは頑張らなくても大丈夫〟などと思い上がり、表舞台から消えて行った者もいる。滝沢くんに頼まれていたとはいえ、2人が深澤くんを認めたからこそ、そういう要求をしたのだと思います」(前出テレビ朝日プロデューサー氏)

『もちろん俺も河合くんと辰巳くんの気持ちはすぐにわかったし、
100%その通りだと肝に銘じています。
俺が一番嬉しかったのは、いくら先輩後輩の関係とはいえ、
もしかしたら将来は自分のライバルになるかもしれない後輩を、
2人は喜んで自分の手で育ててくれたこと。
今の俺が2人ほどの愛情で後輩を育てることが出来るかどうか……即答することは難しい。
感謝しかありませんし、大成功することが恩返し』

自らを育ててくれた恩人の河合と辰巳への感謝の想いを語る深澤。

人は誰も、自分一人だけの力で成長するわけではない。

自らそれを経験した深澤辰哉は、将来的には後進を育てる重要なポジションに就くことを、滝沢秀明に期待されている——との噂だ。

深澤辰哉に囁かれる〝ある噂〟

宮舘涼太に――

『俺とふっかにはキャラがない』

――と、知らないうちに同類扱いされていた深澤辰哉。
ちなみに宮舘に言わせると、深澤のギャグセンスや巧みなトークは――

『それはグループにおけるふっかの〝役割〟。
俺の言う〝キャラ〟は、あくまでも一人のタレントとしてのキャラ。
ふっかの持つキャラを〝面白い、フィーチャーしたい〟と、
テレビ局サイドが思ってくれるようなものじゃないといけないんです』

ただし当の深澤本人は――

『キャラのあるなしなんて仕事をもらうために作るものなのかな?
自然に生まれてきたもの以外、〝自分のキャラ〟って言い張るのは無理があると思うんだけど……』

――と、意外にも否定的な様子。

『そんな大袈裟に考えなくても、
いつか周囲が俺のキャラを見つけてくれたり、
アドバイスをくれたりすると思ってるんですよね。
ダテ様の焦りというか悩みは、ずっと一緒にやって来たからこそわかるし、
それにアイツは〝自分で考えて考えて出した結論〟じゃないと、
自信を持って前に出られないタイプだから』

〝キャラクター〟についてそう話す深澤。

さすが、仲間の性格は手に取るようにわかっている。

するとそんな深澤に対し、まさに〝周囲が見つけてくれた〟キャラが定着しそうだという噂が耳に入り、話を聞いてみた。

「彼にはそんなイメージはなかったのですが、河合くんに言わせると『深澤は〝手越くん2号〟的なチャラ男。ただし手越くんは女性に対してチャラかったけど、深澤は男に対してチャラい。女性にモテるかモテないかでいえば、そこは手越くんと違ってまったくモテない』――というんです（笑）」

話してくれているのは、日本テレビ『有吉反省会』制作スタッフ氏だ。

「発端は、この10月改編特番の『有吉大反省会』でした。A.B.C-Zの河合郁人くんと出演した深澤くんが、先輩の河合くんをないがしろにする発言をして、有吉さん以下全員の顰蹙を買ったエピソードがきっかけです」（『有吉反省会』制作スタッフ氏）

河合と深澤といえば、別項のエピソードでも深澤の持ちネタが「松本潤くんの物真似をする河合郁人くんの物真似」とお話ししているように、少々の先輩イジリも笑って許してもらえるほど親密な間柄。

それこそしょっちゅう食事に連れていってもらい、ほとんどすべての悩みを相談してきた兄貴分だ。

「そんな河合くんからある日、『明日の夜、ご飯行こうよ』と誘ってもらってOKしていたのに、翌日同じ現場になったKis-My-Ft2の玉森裕太くんに食事に誘われると、二つ返事でOKを出した上に、河合くんには『急に体調が悪くなった』と嘘をついてドタキャン。深澤くんに言わせると『玉森くんが後輩を誘うことは滅多になく、その激レア度から〝玉森くんを取るのが当然〟』――といった態度で告白。スタジオの出演者を驚かせたのです」（同制作スタッフ氏）

メインMCの有吉弘行が――

『ひどいよ、最低。
河合くん（の約束）が先でしょ？』

――とツッコむと、深澤は平然とこう言い訳。

『河合くんが先ですね。
でも玉森くんとご飯行ける機会なんてないんですよ、ホント』

他の出演者から「河合くんが先約」と指摘されても――

『そこは河合くん、どうでもいいんです』

――と、深澤は本音をぶっちゃけた。

さらに有吉が同じくスタジオゲストだったＨｅｙ！ Ｓａｙ！ ＪＵＭＰの伊野尾慧を指し――

『伊野尾くんがそこにいたら？』

――と尋ねると、深澤は迷うことなく、

『玉森くんですね』

――と即答。

そこは間違いなくバラエティ番組での〝正解〟を導き出した（笑）。

「オンエアではカットされていましたが、その後、河合くんから『コイツはウソつきというよりもお調子者でチャラいんです。だからその場のノリで適当なことが言える』――とツッコミが入り、『チャラさは手越くん並み。手越くん2号』――の発言が。それにしても、深澤くんはチャラいどころかむしろ逆のイメージが強かっただけに、実際には〝適当なチャラ男だった〟と噂になるのは、本人的にはどうなんですかね。まあもちろん、番組を盛り上げるための〝ネタ〟も多分に盛り込まれているでしょうけど(笑)」(前出制作スタッフ氏)

果たして深澤辰哉が〝手越2号〟〝チャラ男〟などと呼ばれる日が来るのだろうか?

もしそう呼ばれる日が来たとして、それは深澤本人の〝キャラ〟としてプラス? マイナス?

……どっち!?

深澤辰哉の〝ザ男気〟

この10月に入ってから、テレビ界では〝ある噂〟が広く囁かれるようになっていた。

「〝ジャニーズ事務所から来年デビューするグループに、年内のうちに内示が出るのでは？〟……とする噂です。具体的にはＴｒａｖｉｓ Ｊａｐａｎ、なにわ男子、美少年のいずれか。ただし美少年は全員が２０００年代の生まれで、年齢的に後回しされそうだともいわれています。Ｓｎｏｗ ＭａｎとＳｉｘＴＯＮＥＳが20代半ばから後半の〝高年齢グループ〟でも成功したため、滝沢副社長はキャリアや年功序列で順に送り出すのではないか――と」（テレビ朝日関係者）

その３組の中で最も有望視されているのが、『Ｔｒａｖｉｓ Ｊａｐａｎ』だという。

「Ｔｒａｖｉｓ Ｊａｐａｎは10月10日から27日まで主演舞台『虎者 ＮＩＮＪＡＰＡＮ ２０２０』を新橋演舞場で行い、またその千秋楽に京都、神奈川、大阪、宮城、愛知、広島、千葉、福岡、兵庫、埼玉、東京の11カ所を回るグループ初の全国ツアーを２０２１年１月から４月で行うことを発表。もちろん、なにわ男子と美 少年も活発に活動すると思いますが、この時期に舞台とライブを敢行するのは期待の表れ。Ｓｎｏｗ ＭａｎとＳｉｘＴＯＮＥＳのファンの皆さんからも、彼らと縁が深いＴｒａｖｉｓ Ｊａｐａｎを後押しする声が上がりそうですね」（同テレビ朝日関係者）

しかし、いくらジャニーズ事務所に近いテレビ朝日関係者の証言でも、過去20年の例を持ち出すまでもなく、ＣＤデビューの道はそう簡単に彼らを誘ってはくれない。

また何よりも怖いのは――

『本人たちがその気になること。
それは経験者としても言える』

――と、深澤辰哉が心配の声を上げる。

「実は深澤くん、すでにTravis JapanのリーダーでもあるSnow Man宮近海斗くん、メンバーと仲が良い吉澤閑也くんから『**噂はどこまで信じられるんですか?**』……などと連絡をもらっているんです。デビューまでのJr.歴最長記録の深澤くんは、自分自身を含め、その手の噂には嫌というほど振り回されてきた。だから『**お前らは目の前のことをキッチリとやれ**』──としか2人には言えず、そして『**こういう噂は本当に腹が立つ**』──と、無責任な業界人たちに対する怒りで一杯だと打ち明けてくれました」

話してくれたのは、深澤辰哉の相談相手の一人でもある、大御所放送作家氏だ。

「デビューが噂される3組以外の人気ユニットのメンバーは、噂とはいえ落胆し、3組のメンバーは勝手に競わされてしまっている。深澤くんは『**とにかく業界人の大人の皆さんは、Jr.の気持ちを弄ばないで欲しい。デビューしようがしまいが、みんな適当な噂に傷つく。それに俺の経験上、この手の噂はまず当たらない**』──と、後輩たちのメンタルを真っ先に心配していました。それぞれのグループがお互いの動向を気にして振り回される姿に、深澤くんは『**先輩の俺たちが最大限のフォローをしなければ**』──と考え込んでいました」（大御所放送作家氏）

いくらJr.歴が長かろうと、自分たちもまだデビュー1年目。
しかもコロナ禍で満足な活動が出来ておらず、本音で言えば深澤は――

『後輩を心配する立場じゃないのかも』

――という想いにも悩まされているようだ。
それでも深澤は、自分のことは後回しにしても後輩のフォローをするだろう。

『最後に頼れるのはメンバー同士の絆。
それは絶対に教えてやりたい』

深澤はまるで自分自身にも言い聞かせるように、そう繰り返していたという。
自分たちはまだ、自分たち自身について考えなければならないことが山ほどある。
それでも後輩たちは見捨てない。
これぞ深澤辰哉の〝ザ男気〟なのだ――。

Snow Man

3rd Chapter

ラウール

Raul

To The LEGEND

アイドルとして迎えた"夢見ていた瞬間"

Paraviで配信されているSnow Manの冠番組『それSnow Manにやらせて下さい』の地上波特番第2弾が、新年早々、2021年1月1日の深夜にTBSテレビでオンエアされる。

「今年の3月25日にTBSテレビで地上波特番第1弾がオンエアされ、それ以降は動画配信サービス"Paravi"でレギュラー配信されていました。前回の第1弾は全国ネットではなかったので、メンバーの念願だった"全国放送"の夢が1年も経たずに叶いましたね」(人気放送作家)

中でも特番の第1弾が決まった時――

『ついに俺たちの冠番組が決まったことが、とても嬉しいです。
「やるからには一筋縄ではいかないぞ」というスタッフさんの視線も感じましたので、全力で頑張ります。
たくさんの人に、この番組とSnow Manを知ってもらえたらと思います』

初々しい感想を話していたラウールは、この番組に特別な想いを持っている――。

『俺はまだテレビのことはよくわからないけど、特番をやるからには「絶対にレギュラー化したい」――という気持ちがすごくあって、いろんなところで自分の気持ちを発信していたので、それがＰａｒａｖｉの配信ですぐに決まり、もう嬉しいのひと言しかありませんでした。デビューして間もない中で、こういう機会を頂けるのは恵まれていると感じますし、〝その期待に応えなきゃ〟というプレッシャーも同時に感じています。体を張って頑張る番組も面白いけど、たまには普通に幸せな回があって欲しい』〈ラウール〉

ところが、だ――。

4月から始まるはずの配信は新型コロナウイルス感染の拡大防止、さらに発令された緊急事態宣言により、事実上、ロケを行うことが不可能になってしまったのだ。

『3月30日に岩本くんが活動自粛になってしまって、
それでも8人で岩本くんが帰ってくるまで「頑張るしかない!」と決めていて、
でも結局、ロケどころか自宅から出ることも、
不要不急だっけ?……それ以外はダメになっちゃって。
しばらくはメンバーとも連絡を取りたくないぐらい落ち込んで、
LINEもめっちゃ溜まって。
心配かけてごめんなさいだよ』

——振り返るラウール。


ようやくジャニーズ事務所から連絡が入ったのは、緊急事態宣言が明け、Paraviでの配信が「6月5日スタートに決まった」と知らされた、5月末のことだったという。

しかし収録再開当初は、メンバーが十分にソーシャルディスタンスを確保した上でのリモート収録に限らざるを得ない。

それでもあの『Johnny's World Happy LIVE with YOU』以来、およそ2ヶ月ぶりにメンバーに会うことが出来て、ラウールは誰よりも高まっていたそうだ。

『だって不安しかなかったもん。
2か月ぶりに会えて、顔を見ることが出来たのはシンプルに嬉しい。
それとやっぱり、俺らの『それスノ』はめちゃめちゃ面白かった。
自粛中は声を上げて笑うこともなかったし、
声を上げて笑うことがいかに楽しいか、改めて思い知ったもん』

初回の新作では〝Ｓｎｏｗ Ｍａｎがアイドル以外の職業に就くとしたら、いくらで雇ってもらえるか？〟をメンバー自らが本気でリサーチ。
ラウールは渡辺翔太のテンションの高さがツボに入り――

『しょっぴー先生があんなに面白い人だったとは……』

――の発見もあったらしい。

『Snow Manの番組やライブのMCが盛り上がるかどうかは、

「渡辺しょっぴー先生のテンションの高さによるんだな～」って、これは発見中の発見だった。

そのテンションにみんなが引っ張られて、あのダテ様まで頑張って前に出ようと狙ってたんだもん。

俺たちって日替わりのように誰かが先頭に立って、他のみんなが負けじと手を挙げる。

そうやってグループ内でも切磋琢磨してるんだ』

――そう話すラウールにはさらに、アイドルになって〝夢見ていた瞬間〟まで訪れたのだ。


『自分のレギュラー番組で自分の誕生日企画をやってもらえたんですよ。

最初は「そんなことで喜ぶほど子供じゃねえし」……って、ちょっと斜に構えたくなったんですけど、
いざ本番になると無理。

自分が主役になる誕生日企画をファンのみんなをはじめ、不特定多数の人に見てもらえる。

アイドル、最高じゃね（笑）？』


冠番組で、アイドルとして〝最高の瞬間〟を味わったラウールの今後の活躍に大いに期待しよう。

ラウール自身が思う〝ラウールらしさ〟

モデルとして活躍を始めたことに加え、来年（2021年）夏公開予定の映画『ハニーレモンソーダ』で単独初主演を務めるなど、ますます注目を集めるラウール。

そんなラウールだが、向井康二や目黒蓮からは、いまだに日本語力に不安を持たれているらしい。

「その顕著な例の一つが、つい最近あった携帯サイトと公式ブログの〝炎上騒動〟です。まあファンの皆さんの間で〝ザワッ〟とした感じなので、〝炎上〟というほど大した話ではありませんけどね」

話してくれたのは、某ジャニーズグループのレギュラー番組を担当する人気放送作家氏だ。

「最初、公式携帯サイトの連載コーナーに向井康二くんが『スマホのデータフォルダに良い写真があったから』――と、ラウールくんと仲睦まじそうなツーショットを上げたのですが、その写真についてラウールくんが公式ブログに『あの写真は1年前、今はあんまり仲良くないのでそういうことはしません!』――などと投稿。『嘘です、ちょっとします。いや、やっぱしねぇっす』……などとフォローを入れてネタっぽくしたものの、向井くんと〝今は仲良くない〟とした部分に、ピンポイントで批判が集中したのです」(人気放送作家氏)

ご承知の通りラウールは向井、そして目黒蓮と3人で〝追加加入〟したメンバーだ。

6人編成になった2012年5月からおよそ6年半も活動し、しかもメンバー同士の信頼関係を最も必要とするアクロバット系のパフォーマンスが得意なSnow Manに、Jr.歴3年半、15才のラウールが加入することは相当なプレッシャーになる。

そんなラウールを1日でも早く溶け込ませようと奮闘していたのが、向井康二、その人だったのだ。

「ファンの皆さんは公式YouTubeの動画などでのラウールくんと向井くん、目黒くんの絡みを見て、追加加入した3人の絆も感じていたのでしょう。それゆえにごく一部の過激なファンはSNSで〝「今はあんまり仲良くない」のセリフは必要ない〟〝わざわざ「1年前」と強調するな〟〝「日本語がよくわからない?」……もうその言い訳は聞き飽きた〟などと攻撃をしたのです」(同人気放送作家氏)

ただし一方の向井のほうにも、実はラウールの公式ブログより先に〝このコロナ禍にソーシャルディスタンス無視の写真を上げるな〟との批判もあった。

そして、それを受けた形のラウールの発言には――

「向井くんが批判されないように1年前と断った」

「テレビの収録番組が収録日をテロップで流すのと同じ」

――というフォローも上げられていた。

「ラウールくんについてはA.B.C-Zの河合郁人くんも『**アイツは今、反抗期だから**』と笑いながら、『**ずっと滝沢くんのお気に入りだなんだ言われて、しかも9人のSnow Manで良いポジションもらってるから、そりゃあ他のJr.は嫉妬するだろ**』――と話していました。河合くんが言っているようなことを、向井くんも目黒くんも同じように感じているに違いありません。ラウールくんが日本語でミスをするのは仕方がないし、向井くんも今回の件については気にしていないでしょう」(同氏)

というか、むしろラウールは向井をフォローしようとしたのだから、向井がラウールに感謝こそすれ、悪い感情を抱くはずがない。

多少、言葉足らずな発言であったかもしれないが……。

『確かに自分の思ったことをすぐ口にして、
阿部くんからも「一度頭の中で整理するクセをつけよう」――って言われてるけど、
自分の感性としては、感じたそのままを話すことが俺だし、
そうじゃないと俺が俺でなくなる。
大袈裟かもしれないけど、ものスゴい暴言や失言以外は許してよ（笑）』

――そう本音を明かしたラウール。

それでいいじゃないか。
感じたままを口にすることが〝ラウールらしさ〟ならば。
自分らしさを封印してはラウールの魅力自体が半減してしまう。
ラウールはラウールのままで。
そうすることで〝アーティスト・ラウール〟の個性も磨かれていくのだから――。

ラウールにまつわる〝疑惑のエピソード〟

別項の渡辺翔太のエピソードで〝岩本照の伝説仕立て昔話に乗っかった〟話をさせて頂いているが、そこでも証言をしてくれたNHK BSP『ザ少年倶楽部』制作スタッフ氏によると、実はラウールにも「ひょっとしたら〝完全に作り話じゃない？〟と感じるエピソードが隠されている」らしい。

「すでに独り歩きを始め、事実としてファンの皆さんにも認知されている〝あのエピソード〟に、明らかなウソの匂いを嗅ぎとってしまったんですよ」（『ザ少年倶楽部』制作スタッフ氏）

それはメンバーが泊まりがけの地方ロケに出かけた際、夜が更けた頃にラウールが目黒蓮の部屋を訪ね――

『キスってどうやるの？』

――と、枕を使ってレッスンした有名なエピソード。

しかしまさか、ファンの皆さんならば誰もが知るほど広まっているエピソードに、今さらウソの匂いを感じてしまうなんて……。逆に夢を壊してしまうのでは。

「そもそも17才の健康な男子が〝キスのやり方〟を仲良しメンバーから教えてもらうシチュエーションに、皆さんも最初は〝不自然さ〟を感じていたんじゃないですかね（苦笑）」（同制作スタッフ氏）

それは確かに否定できないが……。

ちなみに制作スタッフ氏は、このエピソードのどこに〝ウソの匂い〟を嗅ぎとったのだろうか。

「ラウールくんも目黒くんも舞台裏ではストイックすぎるほど真面目なタイプで、画面に映る天然キャラ、末っ子キャラとは180度違い、自分が納得するまで年上メンバーを離さないほど。そんな2人が泊まりがけになるほどのロケ先で、〝翌日のロケ内容のチェックや想定されるリアクションについて部屋で煮詰める〟〝早朝出発に備えて十分に睡眠を取る〟ならわかりますが、よりによって〝キスのやり方を覚えたいから枕相手にレッスンをする〟シチュエーションは、僕にはまったく見えません（苦笑）」（同氏）

なるほど。それゆえに制作スタッフ氏は、〝作り話〟にしか感じないのだろう。

「もちろん、もしかしたら本当のエピソードかもしれませんけどね（笑）」（同氏）

さらにキスのやり方をレッスンしてくれた（？）目黒蓮とラウールの関係性についても、

「そろそろ滝沢くんから指導が入ってもいいのでは」

――と感じるそうだ。

「いわゆる〝めめラウ〟コンビとして度がすぎるほどの仲の良さ、ファンの皆さんの萌えポイントなのはわかります。でも逆に他のメンバーとの間に壁を作っているようにも見えますし、あらぬ誤解を招くことも。雑誌などでラウールくんが『（目黒と）つき合いたい』――などと発言していては、本当はお互いのパフォーマンスや仕事に対する姿勢を尊敬し合っていたとしても、2人のファン以外には伝わらないでしょう」（同氏）

『ザ少年倶楽部』を通じ、間近で見る2人のパフォーマンスに「ガチで惚れている」という制作スタッフ氏だからこそ、世間一般にもっと広まって欲しい魅力があるのだ。

「2人は身長やシルエットが似ているだけではなく、パフォーマンスやユニゾンパートの歌唱、そのシンクロレベルがやればやるほど高まっています。また他のどのメンバー同士のペアリングを見ても、バックに堂々とジャニーズJr.を従えるラウールくんの姿には〝美しさ〟を感じるほど。17才の時点であそこまで完璧に〝何でも出来る〟ポテンシャルは、過去のジャニーズでも3本の指に入るのがラウールくん最大の魅力。ネタ話を作る必要はないんです」（同氏）

とはいえ、ラウールの嘆きも聞こえてくる——。

『本当なんだけどな。
逆にみんなに「ガキかよ！」って笑われまくって、めっちゃ損してるのに。
損してまで話を作る意味（ないじゃん‼）』

このラウールの発言を聞いて、アナタの判断は如何に？
作り話？ 本当の話？
……さてどっち？

4th Chapter

渡辺翔太

Shota Watanabe

渡辺翔太が明かす〝ジャニーズ伝説〟の裏側

『だいたい、照は昔のことであればあるほど〝伝説〟のように語りたがる。
あのクセはもうやめたほうがいいね、ガチに。
リーダーなんだから（苦笑）』〈渡辺翔太〉

それはこれまでにアップされたＹｏｕＴｕｂｅ公式チャンネルの動画などで、メンバーがメンバーを語る企画にありがちな〝アイツは昔[redacted]なヤツだった〟系の証言について、岩本が〝とにかくやたらと話を盛る〟との告発（?）だった。

「別に悪いことをしているわけじゃないので〝告発〟は大袈裟ですが（苦笑）、でも渡辺くんによると『あとで照にツッコんでみても、普通に〝まんま話しても盛り上がらないじゃん〟って、全然悪びれずに答えるから困る』――と言うのです」

話してくれたのは、先ほどラウールのエピソードでもご登場頂いたＮＨＫ ＢＳＰ『ザ少年倶楽部』制作スタッフ氏だ。

「ＹｏｕＴｕｂｅチャンネルに限らず、普段のバラエティ番組や音楽番組のトークで〝昔話ほど盛る〟のは、何も岩本くんに限った話ではありません。ジャニーズ以外の、特にお笑い芸人が〝昔は暴走族の総長〟〝1対50のケンカをしたことがある〟なんて言うのも、大半が話を10倍以上に膨らませている。しかしネタの根っ子の部分、今の例でいうと〝昔は暴走族〟〝ケンカをしたことがある〟だけでも正しければ、まったくのウソではないということです」（『ザ少年倶楽部』制作スタッフ氏）

いやいや、そこしか合ってないならウソ同然ではないか。

まさか岩本が〝盛る〟のも、そのレベルまで？

「渡辺くんが嫌がっているのは、自分としては大したことがない、むしろ覚えていないに等しい〝些細な出来事〟が、岩本くんの口からは〝伝説〟のように語られること。要するに渡辺くんとしては『**大したことがない分、伝説にされるのはめっちゃ恥ずかしい**』――のです」（同制作スタッフ氏）

〝岩本盛り伝説〟について、渡辺はこんなエピソードを明かしてくれた――。

『覚えてくれているファンの皆さんもいるかな?
ちょうど1年ぐらい前、YouTubeにアップされたメンバーの〝激レア話〟で、
「俺が照にレッスン場でガンつけまくった」――って話。
動画では仕方なく乗っかったけど、俺なんか本当は、照がいたことすら曖昧だもん』

2005年、幼稚園からの幼馴染みの宮舘涼太と同時期にジャニーズ事務所入りした渡辺翔太。
そして岩本照は翌年、ジャニーズ事務所に。

『俺がレッスン場の端っこのほうで椅子に座ってたら、すげえ視線感じて。鏡越しに。
そしたら鏡の前で翔太がタップダンスしてんだよ。
俺その頃、〝踊れる〟って出番が増えてきてたの。
そしたら、翔太がめっちゃ睨みながらガンつけてきて』

――入所直後から一方的に渡辺が自分のことを〝ライバル視していたのだ〟と岩本が証言。

まさに一触即発、〝殴り合いのケンカ寸前だった〟と岩本は振り返る。


『だからさ、確かに照が言っていた当時は、逆算すれば中2とか中3ぐらいで、バリバリ反抗期だったのは間違いない。

でも別に一方的にライバル視していたとか、ガン飛ばしながらタップ踏んで挑発したとか、〝どこのアメリカ映画だよ!?〟ってシーンじゃないですか。

まあ照が早いうちから踊れていたのは事実だけど、それ以外は本当にそんな態度を取ったのかどうかも覚えていない。

……てかそうやって〝伝説仕立て〟にすることでアイツは、「岩本照は中学生の頃から渡辺翔太が嫉妬するほど踊れていた」ことにしたいんだよ。絶対に（笑）』

――岩本の思惑をそう明かす渡辺。

なるほど。しかし渡辺も一旦は岩本の話に乗ってしまったわけで、これはもう〝同罪〟と言うしかないのでは。

『本当にその通り（苦笑）。

しかも今度はその伝説テイストのエピソードをちゃんと覚えておかなきゃいけないし、場合によっては、さらに俺が調味料を振りかけて美味しく仕上げなきゃならない。

もしかしたら芸能界とかジャニーズの様々な伝説って、蓋を開けてみると、こうして作られてきたのかも……』


確かに渡辺の言う通り、〝伝説〟とはそうして作られてきたのかも？

こうなったら渡辺もさらなるエピソードを岩本にぶつけ、新たなる伝説の〝創造主〟になるしかない――（のかもしれない？）。

ジャニーズの一員として認められた〝証〟

ファンの皆さんもご存じの通り、かねてから――

『〝ananに出る〟ってことを一つの目標にしているジャニーズって多いと思うんだよね』

――と公言していた渡辺翔太が、遂に『anan』2020年8月26日号でソロ表紙を飾った。

しかも発売前には重版が決まるほど、予約が殺到したのだ。

「渡辺くんが表紙に起用された号は年2回の美容アワードを発表する〝モテコスメ大賞〟の特集でした。ファンの間ではジャニーズきっての〝美容番長〟として知られる渡辺くんは、その話を聞いた時に『自分にとって最高の栄誉』――と言って喜んだそうです。『〝カッコいい、オシャレ〟って言われるのはもちろん嬉しいけど、俺にとっては肌の悩みやコスメについて相談されるほうが嬉しい』

――とも」（アイドルライター氏）

さすが、行きつけの美容クリニックを5軒ハシゴし――

『〝美しい肌になりたい、美しい肌を保ちたい〟と願う気持ちに男性も女性もない』

――が〝ポリシー〟の渡辺。

誌面で何を語ったかは、皆さんそれぞれで再確認を。

「コスメに関しては渡辺くん個人の趣味嗜好ですが、それはさておきananでソロ表紙を飾ることが〝ジャニーズのステータス〟視されていることが、ここ数年の顕著な傾向ですね」

渡辺翔太とも交流がある人気放送作家氏は、

「彼はソロ表紙に起用される1年以上前から、『絶対にSnow Manからソロ第1号になりたい』と話していて、これは冗談でしょうが『CDデビューするよりも嬉しい』――と、呟いていたぐらいですから」

――と、渡辺とのやり取りを明かしてくれた。

実際に目標だったことは、冒頭のセリフでもおわかりの通り。

「ここ1年ほどの間でananの表紙を飾ったジャニーズのグループは、嵐は別格として他にHey! Say! JUMP、Kis-My-Ft2、Sexy Zone、ジャニーズWEST、King & Prince、SixTONES、そしてSnow Manといった20代メンバーが中心のデビュー組に加え、Jr.のTravis Japanまで結構な数のグループが登場しています。しかしソロ表紙は木村拓哉くん、二宮和也くん、山下智久くん、増田貴久くん、髙木雄也くん、平野紫耀くん、永瀬廉くん、岸優太くんなど、わかりやすく"話題と人気が伴った"メンバーが起用されています。"そんなananのソロ表紙を、是が否にでも飾りたい"——と、ここだけの話、渡辺くんは『**これまでSnow Manが表紙に選ばれた時、ガチで現場でアピールしまくってたから**』——と、まるで選挙活動を行ったかのように話していました(笑)」(人気放送作家氏)

さかのぼること東京ドームでのデビュー発表の1ヶ月前、Snow Manはまるで直後にデビューが発表されることを匂わすかのように、anan(2019年7月3日号)『NEXTジェネレーション2019』特集でグループ初の表紙を飾る。

さらに2020年新春の『時代を創る! 2020』(2020年1月15日号)で2回目の表紙を飾ると、CDデビュー当日に発売された1月29日号ではSixTONESとW表紙を。

その後、ａｎａｎ以外でもＲａｙ ３月号増刊、ＭＯＲＥ 10月号増刊、ｎｏｎ・ｎｏ 11月号増刊などで表紙を飾り、ａｎａｎ（2020年10月14日号）でグループ単独3回目の表紙起用を数えた。


『すべての雑誌、男性誌だろうが女性誌だろうが表紙にＳｎｏｗ Ｍａｎを使って頂けるのは、本当に平等に感謝しているし、めちゃめちゃ光栄なのは嘘のない気持ち。

でもａｎａｎはＳｎｏｗ Ｍａｎと渡辺翔太個人ではなく、ジャニーズのメンバーにとっては最もわかりやすい〝指標〟なんです。

あの〝最も好きな男〟、Jr.で言えば、Ｍｙｏｊｏの〝Jr.大賞〟と同じ意味を持つ読者投票をやって来られて、Jr.に入る前から木村拓哉さんが〝日本で一番モテる男〟の象徴として君臨していた雑誌。

俺にとってａｎａｎのソロ表紙は、ジャニーズの一員として認められた〝証〟なんです』

この熱いセリフには、渡辺翔太の〝マジ〟がビッシリと詰まっている——。

〝ジャニーズ美容番長〟から〝芸能界一の美容アイドル〟へ

『ａｎａｎ』２０２０年８月26日号〝モテコスメ大賞〟でソロ表紙を飾り、〝ジャニーズ美容番長〟の面目を躍如した渡辺翔太。

さらについ先日の10月23日には、メンズビューティ誌『ＦＩＮＥＢＯＹＳ＋ｐｌｕｓ ＢＥＡＵＴＹ』ｖｏｌ．２のソロ表紙にも抜擢された。

「今年４月に発売されたｖｏｌ．１のソロ表紙は平野紫耀くんで、売上げも即完売で重版がかかりました。渡辺くんのｖｏｌ．２は情報解禁と共に予約が殺到、予定よりも大幅に増刷して発売したそうです」（アイドル誌ライター）

渡辺は初のメンズビューティ専門誌の表紙撮影とあって、撮影日に合わせたトレーニングを敢行。

『一番しなやかに見える上半身の作り方、よろしく』

——と、岩本照に連絡し、〝細マッチョ〟ではなく〝スレンダー美ボディ〟に仕上げたそうだ。

「ビジュアルから内面まで渡辺くんが思う〝カッコいい男〟について語り、さらには〝渡辺翔太のビューティ格言7カ条〟を披露。ファッションメイク、ボディメイク、そしてスーツ姿に似合うヘアアレンジなど、彼自身**『こんなに趣味に走れるオイシい仕事、めったにないよ』**——と、心から楽しんで取り組んだと話していました」（同アイドル誌ライター）

これら昨今の〝自分に来ている波〟に乗り、特に〝美容アイコン〟〝美容インフルエンサー〟として——

『美容に高感度な世の男性を引っ張っていく存在になりたい』

——と語る渡辺翔太。

すでにテレビ界からのオファーも増え、中には「IKKOさん、Mattさんとコラボする番組を作りたい」との企画が持ち込まれたとも。

「今や滝沢副社長にも『**渡辺のやり方は面白い**』――と認められているそうで、一見メチャメチャなコラボも、条件が噛み合えばOKが出るかもしれませんよ」

NHK BSP『ザ少年倶楽部』制作スタッフ氏は、

「ジャニーズJr.はみんな自分自身でチャチャッとメイクを済ませますが、渡辺くんだけは数年前から他のメンバーの何倍も時間をかけ、特にメイク落としにこだわっていたのが印象的でした」

――と振り返る。

「もともとはKis-My-Ft2の千賀健永くんの家に遊びに行った時、玄関を入ったところで千賀くんのお母さんから〝小顔矯正バンド〟を渡され、それが美容に興味を持つすべてのきっかけになったといいます」（『ザ少年倶楽部』制作スタッフ氏）

『いきなり小顔矯正バンドだよ？　それってある意味、俺の顔が〝デカい〟って言いたいワケじゃん（苦笑）。だから一瞬、顔に「（はあ？）」……って表情が出てたんだと思う。お母さんも気づいたみたいで、すぐに「違うわよ。ウチの健永と輪郭が似てるから、これを使えばもっといい男になるのよ」——ってフォローを。それがまた優しくて、すぐに仲良くなっちゃいました』

——振り返ってそう話す渡辺。

千賀の実家で、次から次に美容グッズを紹介してもらった渡辺は、千賀の母に——

『これとこれが刺さりますね』

——と興味を持ったことを告げると、今度は「ウチの子と違ってセンスある」と褒められ、気づいたら〝直で連絡を取り合う仲〟になっていたのだ。

「渡辺くんはリハーサルが終わるとメイク室に直行し、まず鞄の中から〝携帯用〟の私物ミニスチーマーとジェルパックを取り出し、マイペースで準備を始めます。番組で用意した飲み物には手を出さず、青汁やイオン飲料水でサプリメントを流し込む。美容やメイクに関してはまさに〝誰の手も借りない〟勢いで、僕らも近寄るのがはばかれます」（同制作スタッフ氏）

もちろんそれらすべて千賀の母に勧められた物、あるいは自分でも学習して選んだ物ばかり。

『正直に言うと、最初は美容マニアを公言すれば、
「一般の女性にも興味を持ってもらえるんじゃない?」って思ったのと、
あとは「この位置にはジャニーズがいないからパイオニアになれる」的な、
打算があったのは間違いない。
でも本気で取り組めば取り組むほど〝結果〟で返ってくるのが〝肌〟。
これまで「やって良かった!」と感じることばかりで、
「こんなことやるんじゃなかった」と後悔したことはほとんどない。
何もやらなきゃ変わらないよ、自分』

そう話す渡辺は、現在複数の美容クリニックを掛け持ちしていて、全身を医療脱毛したほか、顔にはヒアルロン酸を注入しているとか。

『自分がやりたいメニューを突き詰めていったら、気づいたら5店ぐらいになっていた。世間的に言う〝整形〟の一歩手前ぐらいのことはやってるよ。でも美容のためだし、迷いも後悔もない』

〝ジャニーズ美容番長〟どころか〝芸能界一の美容アイドル〟への階段を上り始めている渡辺翔太。

『何もやらなきゃ変わらないよ、自分』

果たして、どこまで変わっていくのだろうか。

その行きつく先は……？

5th Chapter

向井康二

Koji Mukai

『ドッキリGP』に懸ける真摯な想い

渡辺翔太が――

『康二が『ドッキリGP』で逆ドッキリを仕掛けられている姿を、
自分ん家（のテレビ）で見るのにハマってる。
以前はメンバーが単独でテレビに出ていると、
自分や他のメンバーがそこにいないことが不思議だったんですけどね』

――と笑うほど、Snow Manの内部でも「何だかんだいって気になる番組」なのが、向井康二が先輩の菊池風磨（Sexy Zone）とタッグを組んで出演する『ドッキリGP』だ。

『一応、立場上はドッキリを仕掛ける側の〝ドッキリクリエイター〟なんですけど、風磨くんも俺も「自分が餌食になってナンボ」の気持ちは常に持ってます。ただ〝脱ぎ系ドッキリ〟は、風磨くん専用でお願いしたい（苦笑）』

――そう話す向井。

仕掛け人でさえ少しでも気を抜けば、容赦のないドッキリが襲いかかるこの番組。

特に菊池は「シャワーやプール、とにかく水関連のネタで〝セクシーゾーン〟がご開帳になるのが定番」（フジテレビ関係者）と言われるほど、イメージが固まっているという。

「向井くんは一見、『風磨くんに比べたら自分はまだまだ（イメージが）固まらない』――などと言って頭を抱える〝ブリ〟をしていますが、実はすでに付いている〝ビビり〟〝泣き虫〟キャラを『何とかして払拭したい』――なんて言ってます。だからこちらもつい、向井くんをビビらせるドッキリを仕込みたくなるんですよ」

そう話すフジテレビ『ドッキリGP』ディレクター氏は、

「あまり大きな声では言えませんが、向井くんは『オイシくなるためやったらドッキリは全然受け入れますけど、でも心臓が止まりそうになるのはやめてください』――と、中途半端なお願いをするんです。僕らとしては関西で鍛えられた彼にはアイドルを超越したリアクションを求めていて、〝ビビり〟〝泣き虫〟キャラの彼には合格点を与えられます」

――と語り、これからも向井をイジり倒す気満々の様子だ。

「菊池くんは、番組レギュラーになった時の抱負を『ジャニーズとかタレントとか関係なく等身大のまま頑張りたい』――と語っていたので、それならば等身大の〝セクシーゾーン〟を見せてもらおうじゃないの!?……なんてノリで、恒例の〝シャワードッキリ（※シャワー中に上からお化けが現れる）〟を仕掛けたんです。すると想像以上の大絶叫リアクションを見せてくれた上に、放心状態のまま『僕ってジャニーズで合ってますか？』――の名言まで残してくれた」（『ドッキリGP』ディレクター氏）

ドッキリを仕掛けられる前は「ジャニーズとかタレントとか関係なく等身大のまま頑張りたい」と抱負を語ったものの、いざ仕掛けられると何よりもジャニーズの体面を守りたい菊池。

このドッキリとリアクションで、菊池は番組内でキャラクターを確立させることに成功。

向井も開き直って「ビビりの泣き虫で行きましょうか！」と声を上げるべきではないのか。

『言いたいことはわかります。
もちろん自分のためにもそっちが間違いなくオイシい。
せやけどそれって、単なる自分の〝素〟なんです。
風磨くんはどう思ってるか話せてないけど、
俺はドッキリを仕掛けられたら〝リアクション芸〟で面白くしたい。
もちろん見ている人には〝芸〟やとわからんように、
〝素〟やと思ってもらえるように演じなアカンのですけどね。
〝芸〟で勝負したい、勝負出来るメンバーになることが、
Ｓｎｏｗ Ｍａｎにおける俺の存在価値にも繋がるんです』

本音を明かした向井だが、まさかそこまで真摯にドッキリと向き合い、〝芸〟として昇華させようと考えているとは。

果たしてこれから先にオンエアされる向井のドッキリは芸なのか？　それとも素なのか？

それを見破ることが、新たなドッキリ番組の楽しみ方に繋がるかもしれない。

……というか絶対、〝素〟のほうが面白いでしょ（笑）。

〝不二家ブランドキャラクター〟就任――向井康二が胸に秘める想い

この9月に〝不二家ブランドキャラクター〟に就任したSnow Man。

9月15日から全国で放送されているCMは、皆さんも何度か目にされていることだろう。

フジテレビ『ドッキリGP』を担当する放送作家氏は、向井康二のエピソードを話してくれた。


『ブランドイメージのキャラクターですからね。

めっちゃ責任重大ですよ。

俺も（キャラクターに）決まってからすぐに不二家さんのことを勉強させてもらいましたが、ホンマに不二家さん以上に日本の子供たちに夢を与えてくれたメーカーさん、ないんと違いますかね。

しかも何に驚いたかって、ペコちゃんが今年で生誕70年、つまり70才になるなんて。

磯野波平さんの54才よりも驚きですから！』

『ドッキリGP』担当放送作家氏によると、向井はSnow Manのブランドイメージキャラクター就任をことのほか喜んでいて、就任記者会見の直前――

『どうやったら存在感をアピール出来ますかね？』

――と、真剣に尋ねていたという。

「1商品のCMではなく〝不二家ブランド〟のイメージキャラクターという大きな仕事なので、向井くんはもちろん、Snow Manのメンバー全員の気合いが入るのはよくわかります」（放送作家氏）

向井は――

『まずダテ様は絶対にキザなことを言いそう』

――と語り、

『翔太は「ミルキー食べたらペコちゃんみたいなツヤツヤ肌になれる」……とか、美容にかけてきそうやん？』

――と、各メンバーのコメントを分析。

その分析通り宮舘は――

『（不二家の商品のように）世界中を甘い時間で。いろんな方々を愛していければと思います』

――と、まさに向井の予想通りのコメントを用意していた。

「そんな向井くんは記者会見場の様子を窺いながら、『笑いが取れたときは甘いミルクチョコレートを食べて、取れなかったときは苦味のあるハイカカオチョコレートを食べてという感じなんですけども、今日の感触でいうと、私はこのあとハイカカオを食べます』――と、本人は満足のいくコメントを残せたとホッとしていました」（同放送作家氏）

実は向井は、この〝不二家のイメージキャラクター〟の仕事に並々ならぬ想いを密かに抱いていた――。

『恥ずかしいからあまり言いたくないんですけど、
不二家さんはタイでも有名で、もちろんペコちゃんも愛されているんです。
お母さんの家族や親戚はみんなタイにおるし、
俺が日本でデビューしたことをめっちゃ応援してくれてる。
そんな俺がタイでも有名な不二家さんの、しかもブランドイメージキャラクターになれたのは、
「一族の誇り」と言って喜んでくれてて、ようやく恩返しが出来た。
だから少しでも長く、不二家さんとのお仕事が出来るように、気に入ってもらいたいんです』

向井康二、ひと言で言うと――
めっちゃ家族想いのいいヤツではないか！

村上信五が指名した〝後継者〟

「向井くんによると『何の前触れもなく、いきなり呼び出された』――そうなので、最初は完全に説教されるものだと思っていたそうです。ところが村上くんからの、想像もしなかった衝撃的なセリフの数々。さすがに『あれでヤル気にならな嘘でしょ。全部俺が受け継ぐ覚悟も出来てます』――と、めちゃめちゃ気合いが入ってました」

関西のテレビ界でも活躍し、関ジャニ∞や関西ジャニーズJr.の番組も担当、村上信五と向井康二の両者と交流がある売れっ子放送作家氏は、ある日、フジテレビの湾岸スタジオで向井に声をかけられたと明かす。

「彼は礼儀正しいので、いつでもどこでも僕の姿を見つけると、大声で挨拶をしてくれるんです。それで風のように去って行くので、その場に残された僕はそこそこ恥ずかしかったりするんですけどね(苦笑)。でもなぜかあの時だけは〝話したくてウズウズしている〟ように見えました」

放送作家氏が「これから（収録）？」と尋ねると、向井は――

『はい！
でも1時間ぐらい早く来てしもたんです』

――と、いかにも放送作家氏に〝誘ってください〟のサインを発する。
そこまであからさまだと応じないわけにもいかず、「じゃあちょっとカフェにでも」と口にすると、完全に食い気味に――

『行きましょ行きましょ！』

――のリアクションを返してきたのだ。
「聞いてみるとこれがまたスクープ級の話で。〝他でペラペラ喋っちゃダメだよ〟と、僕が釘を刺したぐらいです」（売れっ子放送作家氏）

それは冒頭でお話ししているように、関ジャニ∞村上信五からの呼び出し電話がきっかけだった。

自分が関西ジャニーズJr.に入所した当時、すでに関ジャニ∞として確固たる地位を築いていた〝憧れの先輩〟だけに、説教されるに違いないと感じていても、笑顔で応じなければならない。

向井は「すぐに準備して30分後には着きます」と、大慌てで自宅を飛び出して行った。

「指定されたバーに行くと、村上くんが静かにカウンターに座っていたそうです。そして『さっきまでそこに（櫻井）翔がおってん』――と向井くんを驚かせると、『翔もだいたい同じ意見やった。アイツもお前がエエんちゃうかって言うてたわ』――と語り始めたといいます」（同放送作家氏）

村上は向井に対し、ハッキリと――

『そんな遠くない将来、俺の後を継いでMCで頑張れる関西ジャニーズはお前しかおらへん。その時に備えて俺が身につけたいろんなテクニック、お前に伝授していくつもりや』

――と告げたのだ。

『村上くんの言葉が現実のものに思えなくて、でも俺は必死に聞き逃さんように集中してたんです。

「これからのジャニーズに新陳代謝が必要なのは、誰にでもわかってること。

その象徴がＳｎｏｗ Ｍａｎやキンプリやと思ってる」

「俺らは関西に目標や目安になる先輩がおらんかったから、自力で這い上がるしかなかった。

せやけど今、ヨコ（横山裕）や大倉（忠義）が後輩のプロデュースをしてて、

俺が他人のフリで黙ってるわけにはいかへん」

――って、ほとんど初めて、村上くんからアツいマジ話を聞かせてもらいました』

まさに村上からの〝後継者指名〟を受けた向井。

実はこの時、集中して話を聞くことに夢中だっただけではなく、パニックでリアクションの一つも取れなかったという。

実は、その少し前に売れっ子放送作家氏が村上と食事をした際、村上はこんなセリフを溢したという――。

『Jr.の頃から憧れの的やったSMAPさんが解散して、全Jr.のリーダーやったタッキーが（ジャニーズ事務所の）副社長になった。世代的にちょうどライバル関係にあった嵐が活動休止で、俺の目の前にあった目標が全部のうなるねん。次の目標が見えへんのよ、グループとして』

――と、少し寂しいことを話していたのが放送作家氏は気になっていたという。

「それにしてもその嵐の櫻井翔くんと話し、2人の間で『俺の後継者は向井康二しかいない』――と意見が一致したことは、向井くんにとっては何よりも誇りでしょうね。実際に村上くんから番組を引き継ぐことは出来なくても」（放送作家氏）

村上信五から直々に〝後継者〟として指名を受けた向井康二。

今後、向井は村上直伝のテクニックを受け継ぎ、どのようなMCに育っていくのだろうか。

……でも、まさかとは思うけど、盛大な〝向井康二ドッキリ〟だったり、しないよね（爆）？

6th Chapter

阿部亮平

Ryohei Abe

クイズ番組の未来のために――阿部亮平〝マッチョ化計画〟

『クイズ番組の一般視聴者の皆さんは極端な話、

〝ガリ勉の体はヒョロヒョロやブヨブヨで、マッチョは勉強が出来ない〟……みたいなイメージ、
あるじゃないですか？

もちろんそんなことはないんだけど、あくまでもイメージとして。

俺はそれを変えたい気持ちが強いんです。

〝頭も良くて体もスゴい〟って言われたくて』〈阿部亮平〉

テレビ朝日『ミラクル9』制作スタッフ氏は、阿部亮平との打ち合わせ中に聞いた話として、

「将来的に〝頭も良くて体もスゴい〟と言われるために、彼はガチの筋トレで肉体改造を図っているそうです。ちゃんとパーソナルトレーナーをつけて、理論的に筋肉をつけている最中だと。そのあたりは100％理系脳ですね」

――と、明かしてくれた。

「最初からクイズ番組云々と考えていたわけではなく、緊急事態宣言で自宅にいなきゃいけない間、気づいたら『腹回りが微妙に緩んでいて……』ヤバいと感じたことがきっかけだったそうです。ほんの1週間、運動量が減っただけで体に表れるのかと。しかし部屋で出来るのは腹筋やスクワット程度で、ランニングにも出られない。緊急事態宣言が明けたら〝体を戻さなきゃ〟とボンヤリ考えていたところ、友人に〝マッチョは頭が悪い〟と言われ、ハッとしたそうです」（『ミラクル9』制作スタッフ氏）

それは同じテレビ朝日系でオンエアされている、『トリニクって何の肉!?』についての話題だったという。

「阿部が頑張って〝インテリジャニーズ〟のイメージを広めてんのに、あの番組のお陰でジャニーズや48（グループ）は〝やっぱり頭が悪い〟と思われるよな」

——と、友人に苦笑いをされた阿部は「お互いに何百人もメンバーがいれば、頭が良い子も悪い子もいる」と返したが、

「マッチョが頭悪いのは本当じゃね？」

——と言われたことで、一般の視聴者が抱くイメージについて考えさせられたのだ。

「それは『アウト×デラックス』（フジテレビ）でもレギュラーのプロボディビルダー、横川尚隆くんのことですが、昨年のボディビル選手権で日本一に輝いた、いわゆる〝マッチョ界の頂点〟に立っている彼に〝頭が悪い〟イメージがつくことで、『マッチョ全体も同じように見られてしまうのでは？』——と阿部くんは言うのです」（同制作スタッフ氏）

阿部は――

『アイドルやジャニーズが〝頭が悪い、勉強が出来ない〟イメージは、
櫻井翔くんがデビューして以来、
後に続くメンバーが何人も出てきて薄らいだけど、
マッチョは言われっぱなしというか、
クイズ番組を愛する者として、あまり納得がいかない』

――と強調し、同時に、

『逆に、よく共演する東大生軍団は、
〝スポーツが出来ない、ヒョロヒョロかブヨブヨ〟みたいなイメージを持たれがち。
どちらも本当はそうじゃないジレンマを、緊急事態宣言中から結構感じていた』

――という。

これまではJr.時代のお勉強キャラにはじまり、ジャニーズ屈指の頭脳で存在感をアピールして来た阿部亮平。

これからは自分やジャニーズインテリ軍団のアピールだけに留まらず、クイズ番組の未来のため、旧態依然のイメージを覆すことにも力を注ぎたいと語る。

『まずは自分自身が肉体改造に取り組んで、
(岩本)照を越えるとまでは言わないけど、
肩を並べる直前ぐらいのマッチョになりたいと思ってます。
そして一般視聴者の皆さんが持っているイメージを変えられるような、
そんな解答者の一人になりたいんですよね』

本人は至って真面目に、クイズ番組の未来を憂慮しているのだろう。

岩本照並みのマッチョになった阿部亮平が、さらにクイズ番組で活躍することで、〝マッチョは頭が悪い〟という間違ったイメージを覆す日が来ることを切に願おう――。

〝クイズ王〟ゆえの知られざる苦悩

『最近、ちょくちょく指摘されるのは、
「普段の俺が温厚かつ冷静に見える分、何かに集中している時の近寄りがたさがハンパない。
そのギャップが果てしない」――ってことなんですよ。
温厚とか冷静というのも他人から見た印象だし自分ではわかりませんけど、
もし何かに集中している時に〝阿部は近寄りがたいオーラ〟を出していたのだとすれば、
それは大変申し訳ない。
反省材料の一つですね』〈阿部亮平〉

今やすっかりクイズ王の風格が漂う阿部亮平だが、そのポジションゆえの苦労が絶えないという。

「かつてタレントが解答者に回るクイズ番組は、お茶の間の視聴者が家族揃って参加するような、そんな〝団欒のお手伝い〟を番組コンセプトの一つにしていました。しかし最近はタレントが難問に答える姿を楽しむほうに嗜好が変わり、自分が持つ知識だけでは好成績が上げられないので、阿部くんでも四六時中、参考書代わりの本を読んでますね」

テレビ朝日『ミラクル9』制作スタッフ氏は、

「特に最近の阿部くんは顔色が違う」

——と、その様子を明かしてくれた。

「今年の夏ぐらいまでは、阿部くんのライバルになりそうなジャニーズは美 少年の那須雄登くんと浮所飛貴くんだけでしたが、失礼ながら彼らでは阿部くんの牙城はとても崩せない。しかし〝彼〟だけは、明らかに明確なライバルとなり得るでしょう」（『ミラクル9』制作スタッフ氏）

それがＴｒａｖｉｓ Ｊａｐａｎの川島如恵留だ。

「川島くんはグイグイと頭角を現し、彼の存在は阿部くんの脅威でしかない。〝ジャニーズ初の気象予報士 vs ジャニーズ初の宅地建物取引士〟。阿部くんが必死に勉強しているのも、すべて川島くんの存在ありきなんです」（同制作スタッフ氏）

なるほど、顔色が違う理由は川島の台頭にあったのか。

「とはいえ、川島くんの存在だけで阿部くんが必死になっているわけではもちろんなく、先ほども触れましたがクイズ番組のレベルが上がれば上がるほど、必要とされる教養の範囲も広がる。阿部くんは『ガチで大学入試よりも勉強してる』――なんて笑ってますけど、おそらくは周囲が思っている以上に余裕がないのでは」（同氏）

それは本人も認めている――。

『確かに焦りはあるし、でもそれは如恵留がどうこうではなく、クイズ番組の洗礼を浴びているからなんです。
正直、自分が知っているだけの知識では追いつかないし、日々、知識や情報を上書きしないとついていけない。
だから必死だし、そういう時の自分は「近寄りがたい」って言われるんでしょうね（苦笑）』

――そう打ち明けた阿部。

そしてそれを最初に感じたのは、Ｓｎｏｗ Ｍａｎのメンバーだった。

『最初に言われたのは翔太です。彼の観察眼は恐ろしいほど鋭い。
「最近の阿部ちゃん、仕事の合間にクイズの勉強してる時の顔、めちゃくちゃ怖いよ。
目バッキバキだから」
――と言われた後、
「目だけじゃなく背中もね。
楽屋でクイズの勉強やってる時の背中、怖すぎる。
集中してるのはわかるけど、背中でグループを引っ張るのならともかく、
背中で脅してどうすんだよ」――って。
どれもこれも翔太は俺のために言ってくれてるし、
だからこそ早いうちに自分の〝負のオーラ〟は消さなきゃならない。
「近寄りがたい」……なんて、言われたくないもん。やっぱり（苦笑）』

『ミラクル9』制作スタッフ氏は、クイズ番組に必死に取り組む阿部亮平について、最後にこう言って締め括ってくれた。

「ここを乗り越えた彼には〝期待〟しかない」――と。

阿部亮平にとって〝特別な先輩〟

阿部亮平は数多いるジャニーズの先輩たちの中でも、Ｈｅｙ！Ｓａｙ！ＪＵＭＰに対して――

『僕の中では特別な感謝を感じています』

――と語る。

『憧れの先輩、目標にしている先輩、公私共にお世話になっている先輩、友人のように距離感が近い先輩……などなど、たくさんの先輩方がそういうカテゴリーの中に入るんですけど、Ｈｅｙ！Ｓａｙ！ＪＵＭＰはグループ丸ごと、どこにもカテゴライズされない。特に最近、改めて感謝する機会が多かったですね』

阿部にここまで言わせるのだから、その理由をどうしても知りたい。

話してくれたのはテレビ朝日『ミュージックステーション』制作スタッフ氏だ。

「Hey! Say! JUMPが出演する生放送のリハーサルが終わった後、別の番組収録でウチに来ていた阿部くんが、スタジオ前室でJUMPのメンバーを待ち受けていたんです。声をかけてみると、彼は『**先輩と同じ時間帯で同じ場所にいたので、単純にご挨拶させて頂きたくて**』――それで顔を出したと、笑って答えてくれました」(『ミュージックステーション』制作スタッフ氏)

一見、ごく当たり前の礼儀に思えるが、しかし制作スタッフ氏に言わせると、

「同じ番組に出演しない限り、ほとんどの子は先輩のところに足を運んだりしませんよ。むしろ先輩のほうが先に気づき、声をかけるぐらいです」

――と、昨今の挨拶事情を解説してくれた。

「JUMPが着替えに楽屋に戻っても、阿部くんはニコニコとその場に立っている。だから〝もう本番まで戻ってこないんじゃない?〟と言うと、『**いいんです。もしかしたら、どなたかすぐに戻ってくるかもしれないし、僕のほうの休憩が終わるまでは**』――なんて笑顔で返してくる。お人好しに近いほどの性格の良さに、ちょっと興味を持ちました」(同制作スタッフ氏)

そこでしばらく、前室で阿部と話し込む制作スタッフ氏。

「阿部くんって先輩がいる時はいつもこうなの?」

――と尋ねると、阿部は律儀に、

『基本的に先輩に対しては、どなたであろうとご挨拶をさせて頂くまでは同じです。そこで失礼させて頂く方、しばらくお話を伺いたい方は別ですが。でも先輩たちと僕のほうの空き時間にもよりますね』

――と返してくれたそうだ。

「本当に律儀そのものでした。続いて個別にＪＵＭＰについて尋ねると、想像もしていなかった答えが飛び出したのです」(同氏)

それが冒頭の――

『憧れの先輩、目標にしている先輩、公私共にお世話になっている先輩、友人のように距離感が近い先輩……などなど、たくさんの先輩方がそういうカテゴリーの中に入るんですけど、Hey! Say! JUMPはグループ丸ごと、どこにもカテゴライズされない。特に最近、改めて感謝する機会が多かったですね』

――だ。

「〝Hey! Say! JUMPはなぜ特別なのか?〟――さらにツッコんでみたところ返ってきたのが、またまた想像もしていなかった答えでした」(同氏)

制作スタッフ氏の問いかけに阿部はこう答えた――。

『ありがたいことに最近はクイズ番組での僕を見てくれる先輩が多くて、
テレビ局やラジオ局でバッタリ会うとクイズを出してきたり、
番組の感想を話してくださるんです。
でもそんな中でもHey! Say! JUMPだけは、
光くんも薮くんも裕翔くんも必ず――
「阿部ちゃん、明日の天気はどう?」
「千葉に行くんだけど太平洋沿いは晴れるかな?」
――なんて、天気のことばっかり聞いてくるんです』

――Hey! Say! JUMPのメンバーは、なぜかクイズ番組の話ではなく、天気の話を振ってくるという。

『いつまでも〝気象予報士〟としての僕を尊重してくれているというか、
Hey! Say! JUMPの中では変わらずに、
〝猛勉強して気象予報士になり、
自分の立ち位置をジャニーズの中に確立させた後輩〟――なんです。
クイズ番組で注目されることは嬉しいけど、
自分のアイデンティティーをいつまでも尊重してくれる先輩は、
Hey! Say! JUMPだけ。
だから特別なんです』

Hey! Say! JUMPメンバーに声をかけられ、天気について尋ねられると、いつも初心に還るという阿部亮平。

こうして何よりも得難い先輩たちと出会えたのも、律儀で真っ直ぐな彼の性格ゆえではないだろうか。

Snow Man

7th Chapter

目黒蓮

Ren Meguro

To The LEGEND

〝大恩人〟への目黒蓮の恩返し

木村拓哉主演で今年の1月4日、5日の2夜連続でオンエアされた『教場』（フジテレビ開局60周年特別企画 新春SPドラマ）が2021年新春、同じく2夜連続のSPドラマ『教場2』として帰ってくる。

皆さんもご存じの通り目黒蓮が警察学校の生徒役としてキャスティングされ、9月からの撮影に臨んでいる。

『教場』はあの木村拓哉が髪の毛を白髪に染め、冷徹で〝最恐〟の異名を持つ教官、風間公親を演じたSPドラマ。

世帯視聴率は第一夜が15．3％、第二夜が15．0％。

今回、目黒は生徒の中でも冷静な観察眼を持ち、警察一家に生まれた杣利希斗（そま りきと）を演じるが、前回なにわ男子の西畑大吾が演じた樫村卓実のように途中で退校処分を受けてしまうのか？あるいは最後まで生き残ることが出来るのか？〝警察学校は生徒をふるいにかける場所〟のポリシーを持つ風間教官とのやり取りが楽しみだ。

その他、生徒役には福原遥、矢本悠馬、杉野遥亮、眞栄田郷敦、岡崎紗絵、戸塚純貴、高月彩良らの名前が並び、彼らと風間の関係も気になるところだ。

「目黒くんはジャニーズ事務所に入所後、何もかもが上手くいかずに落ち込んでいた時、SMAPの楽曲を聞いて発奮したそうです。木村くんはある意味では〝大恩人〟で、**『共演するのがずっと夢だった』**

――と話していました」

SPドラマ『教場2』制作スタッフ氏は、

「だからでしょうか、目黒くんの目つきは明らかに〝ガムシャラ〟です」

――と、現場での目黒について話してくれた。

「共演者には福原遥さんを筆頭に矢本悠馬くん、杉野遥亮くん、眞栄田郷敦くん、高月彩良さんなど、20代の若手役者の中でも注目される、すでに実績を残しているメンバーもいます。そんな彼らから見ても〝木村拓哉主演〟ドラマで共演することが出来るのは大きな意味があり、彼らもまた食い入るように木村くんの芝居を見つめている。目黒くんは**『事務所の後輩だからって特別視して頂くつもりはないけど、事務所の後輩が他の共演者に負けるわけにはいかない』**――と、やはり気合いは抜けていますね」

（『教場2』制作スタッフ氏）

目黒は向井康二経由で西畑大吾と連絡を取り、前回の『教場』収録の様子を尋ね――

『絶対に木村さんに〝刺さって〟みせる！』

――と、西畑に宣言したらしい。

「西畑くんには『そんな余計な気持ち、木村さんには一瞬で見抜かれる』――と、笑われたそうです。目黒くん本人も『そうなんですよね。木村さんの目は〝あらゆる物を透視することが出来るんじゃない？〟って怖いぐらいですから』――と、完全に蛇に睨まれた蛙になっちゃってます（苦笑）」（同制作スタッフ氏）

木村ほどの偉大な先輩には、小細工など一切通用しない。

素の自分で体当たりをすれば、どんな芝居だって受け入れてくれるだろう。

『最初はあの頃の自分にすごいパワーをくださった方が目の前にいて、
同じ作品に関わることが出来る感激と感動しかなかったですね。
今でも少し落ち込んだ時はSMAPの曲で元気を取り戻すし、
「人生は本当に何があるかわからないな～」って不思議にも思います。
でも感激してるだけじゃなく、この時間のすべてを味わえることは、
自分にとってものすごく勉強になるので、楽しみながらも必死でついていってます』

――そう話す目黒。

ちなみに数多くの作品で主演を務めてきた木村拓哉だが、単発ドラマのシリーズ化は1988年のドラマデビューから33年間で初。

目黒は――

『その現場にいられるなんて夢のよう』

――とも語っていたそうだ。

そして目黒は、この作品に臨む意気込みと覚悟をこう語っている――。


『最初に木村さんは――

「この状況で最後までやり通せるだろうか?

でも、やる前から決めつけるのは自分の趣味じゃない。

出演者とスタッフ、みんながすべてに対して本気でやるしかない」

――と、僕らにメッセージをくれたんです。

木村さんにそう言われて、尻込みするメンバーは一人もいません。

「このチームで良かったな」――って、そんな幸せも噛み締めてます』

大先輩・木村拓哉との〝夢の共演〟に心踊らせながらも、身が引き締まる想いで撮影に挑む目黒蓮。

熱い想いと覚悟を胸に秘め、最高の演技を見せてくれるに違いない。

そして、それが大恩人への、一番の恩返しだ。

目黒蓮と向井康二の間にある〝互いを認め合う強い絆〟

目黒蓮と向井康二がレギュラー出演している、TBSテレビのバラエティ番組『アイ・アム・冒険少年』。

2人が加入した今年の5月25日からゴールデンタイムのレギュラー放送となったが、番組そのものは2014年4月クールから深夜番組として1年間放送された後、5年間で15回の単発特番を経て、ゴールデンタイムに帰ってきた。

しかしそれまでは〝地球上の未知なるお宝を発見する冒険バラエティ〟のコンセプトでマニアックな内容で制作されていたものの、ゴールデンに進出してからは〝脱出島〟をメインとしたサバイバル番組、チャレンジ番組の性格が強くなった。それは当然、ゴールデンの視聴者層を意識しているからだ。

MCは深夜番組時代から岡村隆史（ナインティナイン）、田中直樹（ココリコ）、女優の川島海荷が務め、ゴールデンと共に加入した向井と目黒の2人は、まさに〝ゴールデンの顔〟になるべく抜擢されたのだ。

『それはさすがに言いすぎだと思うけど（苦笑）。
でもこの前の〝脱出島〟については、
結果はともかく撮れ高では自分でもいい仕事が出来たと思ってます』

目黒が〝この前〟と言うのは、皆さんもご存じの通り、9月28日にオンエアされた〝脱出島 〜無人島からの脱出対決!!〜〟のことだ。

無人島から人の住む島まで自力で脱出するこの企画に、当初は向井&目黒ペアで参加。初挑戦で脱出に成功したフワちゃん、2年半ぶりに脱出島に挑戦するオードリー春日俊彰との3組で、誰が一番先に無人島からの脱出に成功するかのタイムトライアル——のはずだった。

「僕らもまさか、無人島初挑戦の彼らが意見の食い違いでペアを解消し、3組から4組の個人戦になるとは思いもしませんでした」

こう振り返るのは、『アイ・アム・冒険少年』制作スタッフ氏だ。

「やたらとハイテンションで無人島に上陸したのに、脱出用のイカダを〝どちらにするか？〟で意見が食い違い、〝後悔しないために〟別々に脱出することになったのです」（『アイ・アム・冒険少年』制作スタッフ氏）

向井は後ろ向きでオールを漕ぐボートタイプのイカダ、目黒は前を向いてペダルを漕ぐスワンボートタイプのイカダを主張。別々にイカダを作って脱出することになった。

イカダでは意見が割れても〝ご飯は一緒に食べよう〟と仲の良さを発揮し、夜になると目黒が海に潜って魚獲り、向井は山で食料探し。

協力してサバイバルを乗り切ろうと力を合わせ、特に目黒は夜の海に潜って魚を一匹捕まえると――

『1匹じゃ2人分の飯にならないんで。康二の飯も獲ってきたい』

――と言って、海に戻った。

『俺としては、全然普通というか当たり前の行動だったけど、スタッフさんには珍しかったみたい。僕らがイカダで揉めたせいか、晩飯を食った後に〝相手のことをどう思っているか〟って聞かれて、それは後で見て照れくさかったし、恥ずかしかった』

――振り返ってそう話す目黒。

目黒のことを――

『**大好きですよ**』

――と即答する向井に対し、

『**普通です**』

――と答えた目黒。

しかし――

『康二っておちゃらけてるように見えて、ちゃんと中身はいろいろ考えてる。

そういうのは自分も〝尊敬できるな〟って思う。

言っていいのかわからないですけど、（向井は）2回くらいデビュー逃したことがある。

相当辛い思いをしてきてる。

でも康二は1人で戦い続けて、夢でもあるデビューを叶えた』

――と、向井を十分に理解していることを明かしたのだ。

なるほど、確かに照れくさいかも。

いよいよ脱出する日、先にイカダを完成させたのは向井だったが、目黒も30分遅れで出発。

目黒はそこでも――

『康二には負けたくないけど、康二が負ける姿も見たくない。

だから俺が一番を取る』

――とのアツい名言を残してくれた。

結局、向井は有人島まで残り2．5キロというところで方向を見失って強制リタイア。

目黒も有人島まであと1キロのところで強制リタイアを告げられるが――

『気合だとか根性だって〝口だけのヤツ〟って思われたくない。

行かせてください』

――と漕ぎ続け、無人島上陸から38時間での脱出に成功した。

「ようやく上陸して目黒くんが最初に発したのは『康二は？　康二はどこですか』――のセリフでした。スタッフから向井くんが強制リタイアしたことを告げられると、涙を溢しながら『バラバラで出ましたけど気持ちは一つだったのかなと。気持ちだけでも一緒にゴール出来たんじゃないですか』――と、やりきった清々しい顔で笑いました。それにしても目黒くん、どこまでもとことん〝男前〟でしたね」

（前出制作スタッフ氏）

目黒蓮の言葉からもおわかりの通り、2人はお互いを認め合った、強い絆で結ばれている。

片方がゴール出来たか出来なかったかなんて、それこそ〝どうでもいい〟ことなのだ。

これからも〝同志〟として、目黒蓮と向井康二の2人は共に、どんな困難にも立ち向かっていくだろう――。

最初で最後の〝恩返し〟

「そもそも目黒くんはSnow Manへの加入を滝沢副社長から打診された際、『宇宙Sixは辞めたくありません』――と保留。最終的には滝沢副社長が譲り、両グループの兼任が決まったほど〝宇宙Six愛〟を持っていました。その後、Snow ManのCDデビューの話が決まった時も、まだ『デビューしても宇宙Sixのステージには立ちたい』――と話していたそうです。まさか自分たちの映画『滝沢歌舞伎 ZERO 2020 The Movie』特別上映の初日、〝宇宙Sixの解散〟が発表されるなんて、かなりのショックを受けたに違いありません」（スポーツ紙ジャニーズ担当記者）

2019年1月に向井康二、ラウールと共にSnow Manに加入した目黒蓮は、3人の中で唯一、他のJr.ユニットと兼任しての活動を選んだ。

『宇宙Six』は2016年11月、嵐のコンサートツアーでグループの結成を発表。

Ｔｈｅｙ武道のメンバーだった山本亮太、江田剛、林翔太の3人に松本幸大、原嘉孝、そして目黒蓮の6人グループとして、主に嵐のバックダンサーを務めながら単独ライブや舞台出演で精力的に活動し、メンバーのパフォーマンスレベルの高さ、ファンサ（ファンサービス）の丁寧さでも知られていたグループだった。

しかし今回、そのメンバーの一人でもあった山本亮太が新宿・歌舞伎町にある〝闇スロット店〟に出入りしていたことが報じられ、発覚した即日に解雇。その時点では江田、松本、原の3人のメンバーで活動を継続することも検討されたが、連帯責任によるグループの解散を3人から申し出たという。

「滝沢副社長自ら、『彼（山本）がすごく小さい時からバックをやってもらったり、『滝沢歌舞伎』にも出ていた長いつき合い。個人的には非常に期待もしていましたし、ある意味かわいい後輩の1人という感覚ですが、やはり今回のことはかばいきれなかった。悔しい想いが強いです』――と語り、その関係の深さが容易に想像出来ました」（同ジャニーズ担当記者）

実は目黒をSnowManに抜擢するにあたり、滝沢副社長は目黒本人よりも前に宇宙Six メンバーに相談。

年令が30才を越えた山本、江田、松本らは――

『それが〝あいつのため〟と滝沢くんが判断したなら』

――と、快く送り出してくれようとしたのだ。

「目黒くんにとっては宇宙Sixのメンバーは兄のような存在で、結成から2年ほど経っていたと思いますが、しっかりと絆も築いていて離れたくなかった。滝沢副社長の想いと合わせ、表向きは平静を装っているように見える目黒くんのショックは、僕らなどでは計り知れません」（同氏）

そんな目黒は〝本音〟として、こんな想いを語っている――。

『ちょうど『教場2』の撮影に入っていたから、
そういう意味ではこの現場がなかったらパニックすぎてどうなっていたか……。
今、僕にとっては大恩人の木村拓哉さんがいるし、
何があっても〝しっかりしなければ〟の想いで気持ちを保つことが出来ました』

何をやっても上手くいかず、ジャニーズJr.を辞めることばかり考えていた目黒蓮。

そんな彼をネガティブのどん底からすくい上げてくれたSMAPの楽曲。

そこの踏ん張りが宇宙Sixへの加入に繋がり、やがてSnow ManとしてCDデビューへ。

そして記念すべきデビュー1年目の締め括りは、木村拓哉との共演。

SMAPの楽曲から宇宙Six、Snow Man、そして木村拓哉へと、運命が導いてくれたのだろう。

『偶然だと笑いたい人は笑えばいい。
でも僕の中ではリレーのバトンが繋がってきたようなイメージ。
今、アンカーとしてバトンを受け取って、
ゴールを目指してガムシャラに走り抜くしかない。
それが僕を育ててくれた〝リレーランナー〟の皆さんに対する、
最初で最後の恩返しになるんじゃないかな』

——きっぱりとそう語った目黒蓮。


大丈夫!

君ならこのダメージやショックからすぐに抜け出せる。

ゴールテープの向こうで声援を送るＳｎｏｗ Ｍａｎの８人、最高の仲間がいるんだから——。

8th Chapter

宮舘涼太

Ryota Miyadate

宮舘涼太が模索する〝料理キャラ〟

「ジャニーズのメンバーはJr.の頃から先輩たちにご飯をご馳走になり、それを自分の番組やコンサートMCのネタにしていますが、実際には大半のメンバーが〝小食〟なのは、打ち上げや忘年会の席で目にするジャニーズの〝舞台裏あるある〟です」

皆さんはジャニーズのメンバーで〝ご飯をよく食べそう〟なイメージを、誰に持っているだろう。

その質問を周囲にしてみると、かつては元SMAPの香取慎吾が断然人気（？）で、今はKis-My-Ft2の二階堂高嗣、SixTONESの森本慎太郎あたりの名前がよく挙がるという。

「いわゆるゴリマッチョ系の体型ですよね。同じマッチョでも岩本照くんのような〝ガチマッチョ〟は食事制限とプロテインが主食で、大食いのイメージには繋がらないのでしょう」

人気放送作家氏がこう分析し、

「でもまさか〝彼〟が大食いの素質に溢れていたとは、まったく想像もしていませんでした」

――と言うのは、宮舘涼太のことだった。

「9月25日にフジテレビでオンエアされた『ウワサのお客さま 全国店員さんインタビュー！ 食欲の秋3時間SP』を見ていたら、その中の〝ウワサ大食いオールスターズのバイキングレコード〟に宮舘くんと渡辺翔太くんが出てきて、大食いにチャレンジしたんですよ」（人気放送作家氏）

宮舘と渡辺は横浜中華街にある老舗の〝横浜大飯店〟で、ブッフェではなくオーダースタイルの食べ放題に挑戦。制限時間は2時間で、提供されるメニューは100種類の中から選ぶことが出来る。

アッという間にギブアップした渡辺に対し、一方の宮舘は、放送作家氏が感心するぐらい黙々と食べ続けた。

「しかもちゃんと大食いのコツを勉強してきたというか、あまり味が濃くない料理を選んでいた。番組スタッフに知人がいたので聞いてみると、オンエアのために多少の演出が入ったけど、宮舘くんは『水を飲むと腹が膨れて入らなくなるから』――と、なかなか水分を摂らなかったそうです」（同放送作家氏）

それほどまで真剣に、無理をしながら大食いにチャレンジしたのは、宮舘が――

『自分のキャラを模索してるんですよね』

――だからだという。

『一緒に行った翔太は〝美容番長〟で結果を出してるし、
照は筋肉と〝SASUKE〟、阿部ちゃんはクイズ、さっくんはアニメヲタク……って、
旧Snow Manでキャラが定着してないのは、俺とふっかだけなんですよ。
特に俺なんか〝ダテ様〟〝貴族キャラ〟なんて言われてきたけど、
デビューしてメジャーの世界に飛び込んだら、セールスポイントにも何にもなってない。
気がつけば俺たちもすぐにデビュー1周年。
今年はコロナ禍でなかなか思うように活動が出来なかったとはいえ、
このままじゃ埋もれてしまう危機感、バリバリ持ってますから』

不安に思う本音を語った宮舘。

そうやって模索しているうちの一つが、他のメンバーにはいない〝大食いキャラ〟。

そして宮舘には、食に関するもう一つのセールスポイントがある。

それがYouTubeチャンネルでも公開している〝今夜のオカズ宮舘を添えて〟という料理動画だ。

『実際、ローストビーフとソースを作った時は評判も良かったけど、ジャニーズの料理キャラは完全に横尾（渉）くんのものだからね。大きな声では言えないけど、ＳＭＡＰさんの〝ビストロＳＭＡＰ〟が終わって以来、その空席にバッチリとハマったから。横尾くんは高級料理だけじゃなく〝1日100円メニュー対決〟も自分たちの番組でやってるし、その枠を全国ネットの地上波に持ってるのは強すぎる』

――と話す宮舘は〝料理キャラ〟については、すでに分析済のようだ。

「宮舘くんが試行錯誤を繰り返せば繰り返すほど、辿り着いたキャラには自信が持てる。〝ジャニーズの大食いキャラ〟だけでは厳しくても、料理の腕や知識、とにかく諦めずに求め続けていけば、いずれ必ず花開く時が来ます」（前出人気放送作家氏）

ローマは一日にして為らず。

千里の道も一歩から。

宮舘涼太が最終的に行きつくのは、果たしてどんな〝料理キャラ〟？

Snow Manと堂本光一の〝意外な関係〟

前身のMis Snow Man時代を含め、Snow Manは〝滝沢秀明派閥〟の中心グループと見られてきた。

「『Johnny's WORLD』などJr.主体の舞台以外、Mis Snow Man時代から『新春滝沢革命』『滝沢歌舞伎』『滝沢演舞城』など一連の舞台に抜擢され、すでに滝沢くんは主演していなかったものの、滝沢くんの流れを汲む『DREAM BOYS』シリーズにも出演。誰が見ても滝沢くんの派閥でしょう」(フジテレビ関係者)

ジャニーズには今年で初演から20周年を迎え、国内ミュージカル単独主演公演の最多記録を更新し続けている『Endless SHOCK』の堂本光一派閥もあり、滝沢との二大派閥を形成している。

しかし堂本のほうはジャニーズのみにこだわらず、何回ものオーディションを経て出演者を選抜。堂本光一派閥というよりは、〝堂本光一カンパニー〟と言ったほうが本質に近い。

「確かにＳｎｏｗ Ｍａｎは骨の髄まで滝沢くん派閥のグループ。でもだからといって滝沢くん派閥のＳｎｏｗ Ｍａｎが、光一くんと無関係などということはありませんよ。そもそも光一くんと滝沢くんの関係は昔から良好で、しかも去年からＫｉｎｇ ＆ Ｐｒｉｎｃｅの岸優太くんが主演している『ＤＲＥＡＭ ＢＯＹＳ』の演技指導を、滝沢くん直々に頭を下げて光一くんに頼んでいるほど。実際、僕自身も光一くんが何回かＳｎｏｗ Ｍａｎメンバーと〝飯に行った〟話を聞いていますしね」

かつて『ＬＯＶＥ ＬＯＶＥあいしてる』から『堂本兄弟』までＫｉｎＫｉ Ｋｉｄｓをサポートしてきた元フジテレビ音楽班プロデューサー氏は、

「特に最近は光一くんも結婚を諦めたのか、後輩を連れて超高級ステーキ店を訪れ、お高い赤ワインなど振る舞って散財している。昔は正直、舞台やコンサート中しか食事会を開かなかったのに」

――と、堂本光一の〝変化〟を話してくれた。

「Ｓｎｏｗ Ｍａｎの宮舘涼太くん、深澤辰哉くんの名前は何回か聞いています。『アイツらにエエ肉食わせたりエエもん(ワイン)飲ませたりすると、めっちゃエエ顔で喜んでくれんねん。後輩にご馳走する醍醐味はそこやん。40才になってからようやく気づいた』――なんて、本人も満足気に話していました」

(元フジテレビ音楽班プロデューサー氏)

堂本光一との会食を宮舘はこう振り返る——。

『確かにホッペタがとろけ落ちそうなシャトーブリアンと、光一くんが「肉もワインもブリアンでいこう」って、同じ名前の赤ワインも注文して。お会計がいくらかかったのかは怖くて聞けなかったけど、間違いなく俺の給料よりは高いと思う(苦笑)。光一くんに「ご迷惑をおかけして申し訳ありません」って言ったら、「エエねん。お前らが今日の俺を見て、〝いつか自分も後輩に最高級のご馳走が出来る先輩になりたい〟ってモチベーションになれば」——と言うんです。ちょっと値段が高すぎてモチベーションになるかどうかは……(苦笑)』

なるほど。堂本にはそういう目論見があったのか。

「光一くん自身も東山紀之さんには相当ご馳走になっていて、『東山さんのような先輩になりたい』——と話していたこともあるので、本気で宮舘くんや深澤くんを〝育てている〟のかもしれませんね」

(同プロデューサー氏)

『お会計をカードで払った光一くんがポツリと……

「これでまた何千ポイントか貯まるんちゃうか」――って溢したんです。

すかさずふっかが「光一くんでもポイント貯めてるんですか⁉」ってツッコむと、

「貯めてるわけじゃなく、カード使えば勝手に貯まる。

それで勝手に貯まったポイントをキッチリ使うのが楽しいねん」――と嬉しそうに笑った。

「僕も通販とかでいつの間にか貯まってるポイントで割引きになったり、
そういうお得感が好きです」って言うと、

「わかる。めっちゃわかる。

でも〝ダテ様〟と呼ばれる人間はポイント貯まって喜んだらアカンやろ?」――なんて（苦笑）。

いやいや、全然貯めたいですよ。

何なら家電量販店のポイントカードだって持ち歩いてるし』

堂本光一に育てられた宮舘や深澤が、後輩たちにとってどんな先輩へと成長していくのか。

きっと光一も楽しみに見守ってくれているだろう。

二宮和也が期待する宮舘涼太の〝熱く、強い気持ち〟

新型コロナウイルス感染防止のために多くのコンサートやイベントが中止となった2020年。

いち早く感染防止の啓蒙活動や医療従事者支援に乗り出したジャニーズ事務所は、ネット配信コンサート『Johnny's World Happy LIVE with YOU』をはじめ、音楽業界の先導役としてコロナ時代における〝新たなライブパフォーマンス〟のモデルケースを披露。

そんな中、あの『Johnny's World Happy LIVE with YOU』が行われた直後、嵐の二宮和也が――

『自分の意見をしっかりと持っている。
Snow Manに彼のようなメンバーがいるのを知れて、先輩としては嬉しい限り』

――と、絶賛したメンバーがいたという。

それが宮舘涼太と聞いて「驚かされた」と言うのは、日本テレビ『ニノさん』制作スタッフ氏だった。

「『Johnny's World Happy LIVE with YOU』が終わった後、二宮くんにLINEで感想を伝えたんです。企画の話が持ち上がってから本番まで1ヶ月もなかったのに、ステージ演出や照明が完璧に練られていたので〝さすがジャニーズ！〟と。すると二宮くんから**『あれはSnow Manのお陰。Snow Manコンサートの演出をそのまま使っただけだから』**――との返信があったんです」（『ニノさん』制作スタッフ氏）

ファンの皆さんはご承知の通り、『Johnny's World Happy LIVE with YOU』の配信会場になった横浜アリーナは、本来のスケジュールではSnow Manファーストコンサートツアーにあてられていた会場。コロナ禍でコンサートが中止となり、その空いた会場での企画を考える中で「無観客で行うなら事務所総出で何かやりたいね」との意見でまとまり、『Johnny's World Happy LIVE with YOU』が実現したということだ。

「二宮くんによると、Snow Manのセットを使わせてもらうにあたり、リハーサルでメンバーにお礼を言って回ったそうです。その時、宮舘くんが**『ジャニーズみんなで力を合わせるきっかけになれて光栄です』**――みたいなリアクションをしてきたので、それがなぜか心に引っ掛かり、ちょっと話してみたくなったとか」（同制作スタッフ氏）

それまで二宮と1対1で話したことがなかった宮舘は緊張し、内心……

『何か（言葉を）返さなきゃ……』

——と、必死で会話していたらしい。

『そりゃあ、相手が嵐のメンバーさんなんだから、めちゃめちゃ緊張するに決まってるでしょ（苦笑）。二宮くんはすごく優しくて、僕らがコンサートを出来なかったことについて、すごく気を遣ってくれたんです。
だから「自分たちよりも、楽しみにしてくれていたファンの気持ちを思うと辛いです。でも仮にコンサートを強行してファンの間に感染が拡がったら、自分たちはもっと辛い」——と。
それを聞いて「わかるよ。まず最初にファンの顔が頭に浮かぶもんな」——って、肩を叩いてくれました』

——二宮との会話を振り返る宮舘。

何よりもジャニーズ事務所の判断に、所属タレントは従わなければならない。
しかもそれがファンとメンバー、そしてそこに関わるスタッフなどすべての人の〝安全〟を第一に考えてのことなのだから、反対する理由もない。
宮舘は二宮に――

『今は配信だからこそ楽しんでもらえるような、そんなパフォーマンスを作り出すことしか考えていません』

――と力強く宣言し、その言葉を聞いた二宮は、

『すごく頼もしかった』

――と話していたという。

普段は決して9人のメンバーの中でグイグイと前に出てくるタイプではないが、二宮は宮舘について――

『**熱く、そして強い気持ちを持っているところがイイね**』

――とも話していたという。

二宮が感じたように〝熱く、強い気持ち〟を持っている宮舘涼太。

間違いなく宮舘は、〝二宮期待の後輩〟の一人になったようだ。

まもなく活動休止する嵐にとっても、心強い後輩だろう。

……とはいえ、それを聞くとまたガチガチに緊張するだろうから、宮舘には黙っておくとしよう（笑）。

9th Chapter

佐久間大介

Daisuke Sakuma

佐久間大介の〝アイドルとしての矜持〟

「これはジャニーズJr.に所属したメンバーのほとんどが体験する〝ジャニーズあるある〟ですが、学校内でJr.に入ったことがバレた瞬間から、名字や名前、それまでのアダ名ではなく〝おい、ジャニーズ〟と呼ばれるようになるそうです。さらに校内では無邪気なイジメが始まり、1ケ月もすると近隣の学校から不良がからかいに来る。あの中居正広くんや木村拓哉くん、長瀬智也くん、森田剛くん、松本潤くんなど、ジャニーズ内では睨みを利かせられるメンバーでさえ、中学生の頃は不登校寸前まで追い込まれたとか。しかし逆に、みんな自分の居場所をJr.に求めるようになり、スキルを高めていったといいます」（アイドルライター氏）

Ｓｎｏｗ Ｍａｎ随一の、いや今のジャニーズ事務所に所属するタレントで随一の〝スーパーポジティブメンバー〟と言っても過言ではないのが、佐久間大介の底抜けに明るい性格だ。

「自称〝ジャニーズ一のポジティブ〟と豪語していた手越祐也くんが、『**俺がいなくなったら間違いなくアイツが一番**』――と話していたのが佐久間くんです。見た者の心を捕らえる弾けるような笑顔とハイテンションぶりは、僕らが取材する際もテレビのまま。あそこまで裏表がない性格だと、そりゃあ誰にだって好かれますよ」（同アイドルライター氏）

たまに傷なのが徹底したヲタク気質とも言えるが、しかし一般人が感じるヲタク、特にアニメヲタクに対するイメージを根底から覆す明るさは、アニメ業界から表彰されるべきでは……とすら思わせるほどだ。

「そんな佐久間くんからは一切想像出来ないでしょうが、彼もジャニーズJr.に入所した中学1年からは〝暗黒の中学校生活〟を送った一人だったのです。先輩たちの例に漏れず、『**学校とJr.の二面生活だった**』――と話してくれました」

佐久間の番組出演をきっかけに交流が始まり、つい先日「彼と塚田くん、3人で久しぶりに食事に行きました」と言うのは、フジテレビ『アウト×デラックス』制作スタッフ氏だ。

「コロナのせいでずいぶんと間が空きましたが、むしろその分、話が弾みました。デビューの裏話を聞いているうちに、塚田くんが『**コイツは本当に苦労したんですよ**』――と、佐久間くんの肩を叩きながら泣き始めたんです」（『アウト×デラックス』制作スタッフ氏）

自分のことよりも後輩のことを優先的に考える塚田僚一らしく、佐久間について――

『後輩に抜かれて苦しいJr.時代を過ごしたのに、いつもポジティブを更新して頑張ってきた。ずっと下から見ている分、今は上に立っても油断しない』

――と、絶賛したそうだ。

「佐久間くんはかなり照れくさそうにしてましたが、話を聞いているうちに、彼は『子供の頃から引っ込み思案な性格で、自分の気持ちや感情を表に出すのが苦手だった』……と打ち明けてくれました。『人前に出ることも苦手だし、誰よりも恥ずかしがり屋だった』――と。学校でも〝スクールカースト〟の最下層で、『当時の自分を知る人たちは、テレビに出ていることも信じられないと思う』――と話していましたね」（同制作スタッフ氏）

実はジャニーズJr.に入ってからも、しばらくは殻に閉じ籠っていたという佐久間。

そんな自分を変えるきっかけは――

『ジャニーズJr.にはたくさんのタレントがいて、
「このままじゃダメだ！　埋もれてしまう」――と思った。
だからまず「ネガティブなことを考えるのをやめよう」――と思ったんです』

――と、気持ちを切り替えたことだった。

『結局は自分がどう見えるかの問題で、正面から見るとめちゃめちゃダサくても、
「横から見たらカッコよく見えるんじゃね？」――みたいな、
可能性を諦めないことだと気づいたんです。
そうすれば違う選択肢が見えてくるし、
長くやっていくうちに楽しさを見つけることが得意になっていったんです』

それは佐久間大介の〝スーパーポジティブ〟の原点。

ジャニーズで活動する中で誰もが目指す正解を追い求めるのではなく、〝ファンが見つけてくれる正解〟でありたい。

『自分の〝好き〟を追求すること、ついて来てくれるファンを大切にしたい』

――それが佐久間大介の〝アイドルとしての矜持〟なのだ。

岩本照と共感し合う〝共通点〟

『たまに誤解されるからこの際ハッキリしておきたいんだけど、
俺はアニメ好きのヲタクキャラじゃなくて、生きざまとしてアニメヲタクを選んでるの。

だから阿部ちゃんのお勉強キャラ、クイズキャラ、翔太のジャニーズ美容番長キャラとは、
まったく違うんだよね。

〝ヲタクキャラ〟と呼ばれることについては、ぶっちゃけどうでもいい。

ついでに言うと宮田くん、塚田くんも俺と同じでキャラじゃなく〝生きざま〟。

キャラは変更することが出来ても、生きざまは変えられない。

それを忘れないで』

――何とも説得力のある佐久間大介の〝生きざま〟宣言だ。

「佐久間くんとは10年来の知人で、プライベートで遊びに行くことはなくても、現場で会えば足を止めて話をする関係です。知り合った当初はJr.の番組に出してもらえず、見学者の体で勉強に来てました」

佐久間とのエピソードについて話してくれるのは、仕事仲間として交流がある人気放送作家氏。

佐久間とは〝下積み時代〟からの関係だ。

当時、すでにMis Snow Manのメンバーではあったそうだが、

「僕から見ても、あのグループは真田佑馬くんと野澤祐樹くんのフロント2人〝+バックダンサーの6人〟にしか見えなかった」（人気放送作家氏）

そんな状況の中で、佐久間はある悩みを抱えていたらしい。

「悩みと言うと大袈裟に聞こえますが、彼なりに将来を案じて『**大学に進んだほうがいいですかね?**』――と、相談されました。一応、深澤くん、宮舘くん、渡辺くんと同級生で、他のメンバーの動向も気になるものの『**ここで大学に進むと〝佐久間はいつでもJr.を辞められるような保険をかけた〟みたいに言われるかも**』……と、悩みを抱えていたのです。ちなみに陰口を心配していたのはMis Snow Manのメンバーからではなく、他のJr.や事務所関係者からの視線です」（同人気放送作家氏）

すでにジャニーズJr.が大学に進学することが珍しくない時代でも、まだ「大学生との掛け持ちかよ」と色眼鏡で見る者もいたのだ。

「僕は仕事のことより、大学に進学すれば趣味が合う友人も作れるだろうし、むしろ芸能界以外の世界で視野を広げてみれば？　――と答えました。彼は大学に進みましたが、趣味がとことん合う友人であり先輩は、結局はジャニーズの中にいたわけですね」（同氏）

そんな佐久間は冒頭のセリフの通り〝ヲタクは生きざま〟としているが、同じように――

『アイツのキャラも間違いなく生きざま』

――と言うのが、岩本照の〝筋肉キャラ〟についてだった。

『阿部ちゃんや翔太のキャラと比べ、
照の筋肉キャラは俺と同じく〝ガチな生きざま〟の匂いがする。
別にアイツが『SASUKE』に挑戦しているからだけではなく、
「体を鍛えて筋肉を強くしないと生きられない、生きていく意味がない」ぐらいに、
考えているんじゃないかな?——と。
だから俺と照は、それぞれのキャラが仕事に直結しなくても構わない。
だって〝生きざま〟なんだもん』

次から次にポンポンと名言が飛び出す佐久間だが、その岩本とはこれまでに何回か意見の違いで衝突したという。

『6人の頃、なかなかデビュー出来なくて苛立っていた頃は、よく怒鳴り合ってました（苦笑）。

俺としては「腹を割って話すために必要なステップ」だと思ってたけど、
照は「言いたいことはわかったし、ちゃんと聞く。だから少し黙れ」――みたいな。

でもそれも、俺と同じ匂いを感じる照だからこそ、遠慮なくぶつかり合えたんです。

全力でぶつかっても「俺とお前なら、わだかまりは残んねえよな？」――って。

きっと他のメンバーだったら、単なるケンカに終わってたと思います』

佐久間の言葉にあるように〝生きざまにこだわりを持つ〟2人だからこそ、グループの将来を見据え、何が必要で何をしていけばよいのか、お互いの考えをぶつけ合えたのだ。


『でもあんま鍛えないで欲しい。

ガチのケンカになったら負けちゃうから（笑）』

アニメヲタクと筋肉ヲタク――方向性はまったく違っても、お互いに〝生きざまを追求する〟という共通項で、佐久間大介と岩本照は深く共感し合っているのだ。

スーパーポジティブ佐久間大介が売り込む〝めめラウ〟

岩本照が――

『ガチでさっくんが世の中で一番面白いと思う』

――と、大真面目な顔で語った時、その場にいたメンバーはその意見に同意、あるいは物言いをつける前に、

『あの照でさえ虜にするスーパーポジティブパワー』

――に驚いたそうだ。

渡辺翔太は以前──

『世間で思われているイメージ、
たとえば〝マッチョ＝ストイック〟が影響しているのか、
「照はさっくんみたいなチャラ系寄りの男とは水と油じゃない？」──って、
外の人にはよく言われるんです。
確かにさっくんは照に限らず、
度がすぎるほど絡みにいく悪いクセがあるけど、
腹の中が真っ白だからみんな受け入れる。
そういうお得なタイプでもあります』

──と言って、ＳｎｏｗＭａｎにおける〝佐久間大介の立ち位置〟を説明してくれたことがあるという。

そんな佐久間が――

『2021年はますます推していきたい。
〝俺がスターにしてみせるぜ!〟ぐらいの気持ち』

――と言って笑うのが、目黒蓮とラウール。

ファンの皆さんには「めめラウ」と呼ばれる、すっかりお馴染みのラブラブカップル。

しかし目黒とラウールを今さら推すのは、いかにも佐久間〝らしくない〟行動ではないか。

「確かに〝ヲタク〟は、まだ誰の手垢も付いていない、注目もされていないアイドルを推すのが醍醐味。スノ担以外にも2人が仲良しなのは知られているし、どう考えても〝らしく〟はありませんね」

話してくれたのは、フジテレビ『7G～SEVENTH GENERATION～』を担当する制作スタッフ氏だ。

「僕はかつてお台場の夏イベントでスタッフをやっていたので、佐久間くんとは何かと話が合うんです。夏イベントは番組ブースやアイドルライブだけじゃなく、しっかりとアニメ系のブースやアトラクションがありますからね」(『7G～SEVENTH GENERATION～』制作スタッフ氏)

それが縁で佐久間とはＬＩＮＥも交換しているそうだが、ＳｎｏｗＭａｎのＣＤデビュー以前の収録から、佐久間は制作スタッフ氏に――

『あの2人、覚えておいて損はないっス』

――と、目黒とラウールを売り込んでいたらしい。

「普通はＣＤデビュー前には、他のメンバーよりも自分を売り込んでくるもの。不定期放送とはいえ、自分たちのリクエストが通りやすいレギュラー番組なのですから。それなのに佐久間くんは**『編集で切るなら俺のほうを切って』**――と言って、2人に目をかけ続けてきたんです」（同制作スタッフ氏）

『俺が何で〝めめラウ〟を推すかっていうと、
アイツらは特に俺に対して遠慮なくツッコんで来るところが好きなの。
ラウはまだまだ子供だから礼儀とかはあんま気にしないだろうけど、
めめは宇宙Ｓｉｘで上とは全然離れていたわけじゃん？
一番上の江田（剛）くんが１９８７年生まれで、めめが１９９７年生まれ。
自然と礼儀とかしっかりしてたはず』

——そう話す佐久間は１９９２年生まれで、江田と目黒の真ん中だ。

『ラウは翔太にタメ口聞いてキレられたりしてるから、
キレない俺なら大丈夫って思ってるみたい。
とにかく俺と〝めめラウ〟の間には余計な障害物がない。
そこが心地いいんです（笑）』

さらに佐久間は――

『あえてどちらかとベタベタしてみる。
そうすると、もう一人が嫉妬してむくれる。
そこがまた可愛い』

――という、高等戦術（?）も繰り出しているようだ。

『……っていうか半分は冗談みたいなもので、
本当の理由はレッスンするたびに上がっていく2人の〝パフォーマンス力〟。
俺らがチェックしたり教えたことを1回で吸収する。
可能性や将来性の高さを、近くにいればいるほど感じるんですよ。
そこがいい』

ところで佐久間、自らもアーティストであるのだから、彼らの才能に嫉妬しないのだろうか。


『嫉妬？

しないしない（苦笑）。

だってそのうち、2人が俺たちを高みに連れていってくれるもん。

くっついといたほうがお徳だよ！』


さすが佐久間大介、スーパーポジティブの本領発揮だ。

そんな佐久間の〝スーパーポジティブパワー〟に後押しされて、目黒蓮とラウールの〝めめラウ〟がＳｎｏｗ Ｍａｎをどんな高みへと連れていってくれるのか。

楽しみに見守ろうではないか――。

Snow Man

10th Chapter

エピソード & フレーズ集

Episodes & Phrases

To The LEGEND

メンバーが語った〝YouTube動画〟の真相

発端は10月下旬にYouTube公式チャンネルに上げられた動画だった。

Snow Manの楽曲『君の彼氏になりたい。』の振りをメンバーが真面目に紹介する中、なぜか深澤辰哉だけがおチャラけて、適当な振りを踊り続ける始末。

いくらメンバーが注意しようと暴走をやめない深澤に対し、痺れを切らした向井康二が飛び蹴りをかます。

「吹っ飛ばされて転げ回る深澤くんに、メンバーたちも爆笑。すかさず向井くんが『**痛くないようにしてます**』――と伝えたものの、SNS上には〝単純に暴行〟〝1ミリも面白くない〟〝同じグループでもJr.時代からの先輩に失礼〟〝ふっかの腰が悪いって知ってるのに、よく飛び蹴りが出来るな〟などと散々なコメントが並んでしまいました」

人気バラエティを数多く抱える売れっ子放送作家氏は心配そうに話す。

「それが〝ノリ〟でやってしまったことか、あるいはメンバー同士で考えた〝決まり事〟だったのか……。そこの判別もつけずに、むやみに騒いだり批判したりすると、彼らも体を張ったネタが出来なくなります」（売れっ子放送作家氏）

まず前提として「ファンの皆さんが心配する気持ちもわかるけど……」としながらも、「YouTubeチャンネルもテレビ番組と同じで、何らかの演出が施されていると思って見て欲しい」と訴える。

「どんな内容であれ、それがメンバーが頭をひねって考えたネタだとすれば、素直に受け止めてあげて欲しいんです。彼らは長いジャニーズJr.時代を過ごしてはいても、まだ芸能界では1年目の新人としか見られていない。その新人が、目立つために少し暴走してしまったのだ——と」

放送作家氏は、「視聴した皆さんがチェックするべきポイントは3つある」と話す。

「まず自分たちの大切な楽曲を紹介するのに、深澤くんは向井くんの飛び蹴りが入るまでボケ（おチャラけ）をやめなかったこと。次に飛び蹴りをかました後、向井くんが画面に向かって『痛くないようにしてます』と、バラエティで消えモノ（※主に食品類）が出た時、よく〝残りはスタッフが美味しく頂きました〟とお断りを入れるのと同じテイストでフォローしたこと。最後は〝飛び蹴りがオチ〟であるかを知っているように、メンバーたちが手を叩いて笑っていたこと。これらはYouTubeの視聴者に〝ヤラセ〟を伝える、彼らなりのわかりやすいメッセージになっているのです」（同放送作家氏）

『ファンの皆さんには、心配をかけたことは、素直に「ごめんなさい」しかない。

あれは俺と康二で打ち合わせて、何回もリハーサルを行った上での収録。

だから肉体的なダメージは全然ないよ。

安易な笑いを取りにいったことで、安易じゃない反応をもらってしまった』〈深澤辰哉〉

『いや、ホンマに申し訳ない。
ちゃんと深澤くんと打ち合わせて、
やる前には「申し訳ありません。よろしくお願いします」って、
筋を通してからの収録だったんだけど、
自分らが良くても見てくださる方の受け取り方はそれぞれで、
これからも十分に気をつけてやらなアカンことが身に染みました』〈向井康二〉

『実際、康二だけの責任でもないし、ふっかと2人の責任でもない。
ああいうノリでオチに持っていこうとみんなで決めたんだし、
批判されるならメンバー全員平等に。
本当はここで「リーダーの俺に全責任がある」って言いたいところだけど、
責任を10等分して、そのうち〝2つ〟を俺の責任じゃダメかな？
俺以外の8人は〝責任1〟になるんだから』〈岩本照〉

いかがだろう？
蓋を開けてみるとメンバー同士で考えた〝ネタ〟にすぎないのだ。
今回はそろそろ……ご勘弁の頂けますように。

Snow Manが秘めている〝新しい可能性〟

「Snow Manが過去にデビューした先輩たちと決定的に違うのは、メンバーの中に3人も〝身長180cm〟を実測で越えるメンバーがいることです。ここだけの話、ジャニーズの身長は自己申告制で、誰の目から見ても明らかに誤差がある場合に限り、ステージ衣裳の靴を履いたまま測定する。そうすれば実測から2~3㎝、高い数値が出ますからね。だからプロフィールに同じ170㎝と表記されているメンバー同士でも、並ぶと見た目3~4㎝の差があるのが普通なのです」

テレビ朝日でジャニーズJr.の番組と長年関わりを持つプロデューサー氏は、岩本照、目黒蓮、ラウールの3人が同じグループにいることで、

「ジャニーズファン以外の、一般視聴者を取り込む工夫が2021年の肝」

――と語る。

「男女の違いはありますが、先頃NMB48で卒業コンサートを行った吉田朱里は、自身が人気中位に甘んじていた2016年1月からYouTubeチャンネルを開設。主にメイクの女子力動画をアップし続け、間もなく丸5年でチャンネル登録者数81万人、累計視聴回数2億500万回を数えるまでの人気チャンネルになりました。さらにそこで獲得した女性ファンをNMB48に取り込み、2017年のコンサートから〝女性専用席〟を設置。今でもコンサートのたび、真っ先に売り切れるのがこのエリアです」（テレビ朝日プロデューサー氏）

リーダーの岩本照はまだ本格的にはモデル活動を行っていないが、目黒蓮とラウールはすでに実績を残し始めている。

『FINEBOYS』2020年6月号で目黒が表紙を飾る情報が解禁されると、ネット書店は発売前に売り切れが続出し、出版社のサーバーがダウンする異例の事態が起きた。

もちろんその原因は目黒担の女性ファンによる盛り上がりだが、しかし一般読者層がその〝祭り〟に引っ張られている手応えを掴んだ出版社は、翌月発売の7月号でも目黒を表紙に起用。2号連続で単独表紙を飾る快挙も達成した。

「一方のラウールくんは、言わずと知れたデビュー直後のDiorとのコラボをきっかけに、あの有名ファッション誌『ELLE』にも自身が掲載されるなどの実績を積み、現在ではメンズファッション誌『MEN'S NON-NO』で隔月ながらレギュラーモデルを務めています。2人共ファッション誌の編集長クラスの人間に尋ねると、ステージで培った彼らの表現力が、これまでの若手男性モデルに多かった〝いかにも〟な表情と一線を画し、これからは飛躍的にモデル需要が増えるだろう――との話でした」(同プロデューサー氏)

目黒とラウール、そして来年はそこに岩本照が加わる〝モデル布陣〟を敷けば、間違いなく新たなファン層を開拓することが出来る。

そうすれば先のNMB48・吉田朱里のように、ジャニーズのコンサートに〝男性席〟を設ける日が来てもおかしくはないのだ。

『身長168㎝の俺から見たら3人は羨ましいのひと言だけど、
逆に3人きっかけで俺らを見に来てくれたお客さんを、
俺のパフォーマンスに釘付けにしてみせるけどね（笑）』〈佐久間大介〉

『俺はさっくんほど自信はないかな（苦笑）。
でもたとえ俺のファンにはなってもらえなくても、
Ｓｎｏｗ Ｍａｎには「こんなにたくさんの個性があったんだ」――と驚いて欲しい。
そしてバラバラの個性が一つにまとまった時の俺たちのパフォーマンスを、
存分に味わってもらえれば』〈宮舘涼太〉

こうして3人のモデル活動は、他のメンバーにも伝わる。
そこに新たな風を吹き込ませるように――。

〝Snow Manらしい〟ヘアスタイル

ジャニーズ事務所からCDデビューしたグループのメンバーは、その大半がジャニーズJr.の下積み時代に「ジャニーズを辞めたい」と考えたことがあるという。

「これまでにJr.のユニットに入れず辞めていく子は星の数ほどいますが、後にCDデビューに辿り着いたメンバーたちでさえ、Jr.時代に一度や二度は退所を考えるといいます。ほとんど唯一の例外はV6の岡田准一くんで、夏休みにJr.入りしたかと思うと、2学期の初めにはV6としてのデビューが発表され、25年前の1995年11月1日にデビュー。レッスンの辛さやJr.の上下関係に頭を悩ますヒマもない、デビュー最短記録の保持者です」（フジテレビ関係者）

CDデビューではなくジャニーズJr.としてのテレビ出演の早さは生田斗真が一番だが、彼はいまだにCDデビューしていない。というか、CDデビューする意味がないほど活躍している。

「深澤辰哉くんと阿部亮平くんは2004年8月、テレビ東京『Ya‐Ya‐yah』の番組内オーディションに合格してJr.入り。昨年のデビュー発表の時点で丸15年のJr.生活を送っていました。今年1月22日のデビューまで、15年5ヶ月。この2人が岡田くんとは対照的なデビュー最長記録保持者になります」(同フジテレビ関係者)

ちなみにそのオーディションに合格し、現在もジャニーズ事務所に所属する〝同期〟はHey! Say! JUMPの山田涼介。

山田は2人のデビューを心から祝福し、3人だけの祝賀会を開いてくれたそうだ。

「ふっかと阿部ちゃん含め、Jr.歴が13年を越えるメンバーが7人もいるSnow Manですから、当然のようにそれぞれが〝ジャニーズ事務所の退所〟を何回も考えています。さらにこの10月で入所から10年目の目黒くん、5年半になったラウールくんも〝退所するかどうか〟の瀬戸際に立たされたことがあります」

目黒蓮は他のエピソードでお話ししているように、SMAPの楽曲に励まされて思い直しているが、まさかラウールにもそんな時期があったとは……。

話してくれたのは、テレビ朝日『ミュージックステーション』制作プロデューサー氏だ。

「実はJr.を指導する立場のBさんに、〝いい素材が入ってきたけどかなりの問題児だ〟と聞かされたことがあったんです。それまでに彼の口から聞いたことがないセリフだったので、強烈に覚えています」（『ミュージックステーション』制作プロデューサー氏）

B氏とはJr.のレッスンを担当するダンスの先生で、踊りだけではなく、ジャニーズに相応しい規律や生活態度の指導も厳しく行うスタッフだ。

「そのBさんが〝久しぶりに根性から叩き直さねば〟——と話したのが、当時のラウールくんでした。ジャニーズJr.に入り、これからデビューまでの長い道のりを懸命に辿らねばならない12才のJr.が、小6にして〝ファッションも髪型も、言動までもがヒップホップ〟だった」（同制作プロデューサー氏）

ロングヘアをポニーテールのように結び、サイドからぐるっと1周、ツーブロックのように刈り上げた新人Jr.に、B氏のみならずジャニー喜多川氏まで——

『そのヘアスタイルはJr.にふさわしくない』

『明日それを切ってくるか、この事務所辞めるか、どっちかにしろ』

——と宣告。

大慌てのラウールは――

『じゃあ、切ってきます』

――と、譲らざるを得なかったという。

「今は金髪ですが、滝沢くんからは『自分の好きにしていい』――と言われたそうです。しかしラウールくんは『デビューしたからって、超ロン毛のツーブロックに戻すのは逆にカッコ悪い』――と、髪型に関する考え方も変わったようですね」

ラウールの〝変化〟について、そう語った制作プロデューサー氏。

『ヘアスタイルは〝セルフプロデュース〟の一つだから、
俺も何年か前に滝沢くんに「好きにしていいよ」――と言われたことがあるんです。
でもパーマをかけて失敗して、その時にハッと気づかされたのは、
どんな髪型が自分に似合うかを認識している人間と認識していない人間の差というか、
「自分を客観視することが出来るかどうか」――を、試されていたんですよ』〈渡辺翔太〉

『俺は役柄や仕事でしかヘアスタイルを変える気がなくて、
無駄なロン毛はトレーニングの邪魔になるからね（苦笑）。
でもリーダーとしてメンバーの髪型やファッションにはちょいちょい口を挟ませてもらう。
それはもちろん、〝Ｓｎｏｗ Ｍａｎとしての統一感〟が大切だから』〈岩本照〉

『みんな好きに髪型いじれて羨ましいよ。

俺なんか剛毛で、翔太には〝大仏〟とか言われてたから。

でも知ってる？

大仏さまのヘアスタイルは螺髪《らはつ》といって、如来さま特有の髪型なんだよ。

「智恵と徳の高さを表していて、インドの上流階級の髪型に由来してる説もある」——って、
阿部ちゃんに聞いた。

つまり俺、まあまあ偉いんじゃね？』〈深澤辰哉〉

どんな髪型にするかは別として、Ｓｎｏｗ Ｍａｎのメンバーでいる限り、その最高のパフォーマンスに合わせたヘアスタイルでいて欲しい。

もっとも外野がそんなことを望まなくとも、どんな髪型が自分に似合うかは、自分を客観視することが出来る彼らなら、自分自身が一番よくわかっているに違いない。

コンサートツアー〝もう一つの〟期待

コロナ禍でデビューコンサート、アジアツアーが中止になってしまったSnow Man。
10月22日からは配信ライブが行われたが、もちろん2021年はファンの皆さんが待つ街へ、彼らのパフォーマンスが届けられることだろう。

『コンサートの醍醐味の一つは、メンバー全員が集まって食事をすること。
普段はメンバー同士、東京でわざわざ集まって食事をすることがないからね。
ファンのみんなが盛り上がってくれた熱気がメンバーの背中を押して、
結構お互いの意見をやり合うことも出来る。
それに何より、地方の名物はパワーになるもん（笑）』〈岩本照〉

『大阪はもちろん俺が仕切る。

関西のお兄さん方（※関ジャニ∞）に連れていってもらった美味しい店、めっちゃ知ってますからね。

しかもメンバーの想像をはるかに越える自信もある。

たとえば大阪で「お寿司屋行かへん？」って言っても、
きっと東京のメンバーは「寿司は江戸前だろ」とか言うと思うんです。

ところがどっこい、俺のお勧めする〝うなぎバター〟食ってください。

寿司の常識が変わりますから』〈向井康二〉

『来年になっても17才だし、夜遅くなったら連れてってもらえないよね？

だからルームサービスが美味しいホテルに泊まりたい。

みんなが外で焼き肉とか食ってる時、俺は部屋でサーロインステーキを食う。

それぐらいの贅沢、許してくれてもいいじゃん』〈ラウール〉

メンバーそれぞれが食に対するこだわりや期待を抱いている中、阿部亮平は――

『SnowManの中では、きっと俺だけしか知らないグルメ情報を持っている』

――と言う。


『ふぉ〜ゆ〜の松崎（祐介）くんから聞き出した〝嵐さん行きつけ〟の情報があるんです。

嵐さんって基本、ツアーは5大ドームだったじゃないですか。

東京を除くと札幌、名古屋、大阪、福岡。

このラインナップを聞いて、ヨダレが出てこないのは問題。

見事な超グルメタウンばかりなのに（笑）』〈阿部亮平〉

嵐のバックダンサーとして指名がかかっていた〝ふぉ～ゆ～〟は、

「きっと嵐じゃなかったら、あそこまで連れ歩いてくれなかったでしょう。大きな声では言えませんが、ほとんどのグループはコンサートが終わった後はJr.とは別行動。嵐がバックダンサーとしての彼らに、いつも感謝していた証拠です」（テレビ朝日関係者）

――と言われるほど、地方ではいつも行動を共にしていたそうだ。


『札幌はカニとジンギスカン、名古屋はひつまぶしと名古屋コーチン。

大阪は……康二の顔を立てるとして、福岡は炉端焼きと長浜ラーメン。

とりあえず最低限行ってみたい店が、それぞれ3店舗ぐらいあるのが逆に問題（苦笑）』〈阿部亮平〉

中にはギョーカイでも有名な〝一流アーティスト御用達〟の店も入っている。

『でも本当に問題なのは福岡の長浜ラーメンなんですよ。
コロナ禍の後はどうなっているかわからないけど、松崎くんが言うには――
「嵐でも特別待遇せず、混んでいたら並ばせる。
それでもメンバーはまったく気にせず、ウキウキしながら並んでいる。
どんだけ旨いか、食わなくてもわかるんじゃね？」
――らしく、これはちょっとどうしても行きたい。
空いててもSnow Man9人で行けば間違いなく並ぶだろうけど、
俺はどうしても行きたい』〈阿部亮平〉

――阿部のこの提案に対して、果たしてメンバーの反応は？

『まず〝並ぶかどうか〟聞く阿部ちゃんが野暮すぎる。
並ばない理由がどこにあんの!?』〈佐久間大介〉

『10代の頃、恵比寿のラーメン屋さんにみんなで並んだじゃん(笑)。
あれさ、ラーメンが美味しいのはもちろんだけど、
並んでいる間の会話も楽しみだったよね』〈渡辺翔太〉

『30分だろうが1時間だろうが、それも含めて思い出になる。
むしろ並んでも食べたい店を探してくれてありがとう』〈宮舘涼太〉

『俺はガチ、みんなの後ろをついていくだけ』〈目黒蓮〉

これはもう、とにかく一刻も早くコンサートツアー再開を願うしかあるまい。

それにしても嵐が〝文句一つ言わず、並んでも食べたい〟というほどのラーメンって、どんなお味がするのやら――。

Snow Man〝最初のコラボ〟

さて嵐といえば活動休止に入る今年、7月29日にリリースした通算58枚目のシングル『カイト』で米津玄師とのコラボレーションでミリオンセールスを記録。

さらには9月18日に配信をスタートさせたデジタルシングル『Whenever You Call』は、2018年のグラミー賞主要部門を総なめにしたブルーノ・マーズとのコラボレーションと、活動休止直前まで活発なチャレンジを続けている。

だがSnow Manのメンバーも「マジか!」「出来んのかよ!?」と驚いたのが、公私ともに関係が深いA.B.C-Zの、江頭2:50とのコラボレーションだった。

「10月21日に発売された新曲『頑張れ、友よ!』がそれで、エガちゃんはその作詞を担当。A.B.C-Zのメンバーはレコーディングが終わるまでその事実を知らず、作詞家の名前に驚かされたのはもちろん、エガちゃんの才能に驚かされたそうです」(テレビ朝日関係者)

江頭2：50はチャンネル登録者数217万人（※10月末現在）を超える自身のYouTube公式チャンネル『エガちゃんねる』で、〝特報〟として経緯を解説。
江頭2：50側の売り込みではなく、あくまでもジャニーズ側からのオファーで、作詞も未経験。
しかし「メロディを聞いた瞬間に言葉が溢れ出てきて、気がついたら書き終えてました」――と、自らの才能に酔いしれていた。

『すげえ面白い！
そして結構いい歌詞なのが、なぜかムカつくんですよね。
河合（郁人）くんに聞いたら、
「先に江頭さんにオファーすることを聞いていたら、
〝俺たちはコミックバンドかよ！〟って反対していたと思う。
もちろん歌詞を読んだら賛成するけどさ」
――と言って、今の状況を楽しんでいるように見えました。
それで「Snow Manも誰か芸人さんとコラボすれば？
せっかく『7G』やってるんだから」――と勧められたんです』〈深澤辰哉〉

もし仮にSnow Manがコラボレーションをするなら、誰としたいのか?
深澤は河合の助言通り、お笑い第7世代の〝あの人〟を挙げる。

『霜降り明星の粗品さんですね。
クイズ番組で正解率が高くて知的なイメージがあるのに、ちゃんとぶっ飛んだネタを書く。
二面性の面白さを感じる』

ラウールは同じ第7世代でも〝チャラい〟あの人を。

『EXITの兼近（大樹）さん……って言いたいところだけど、
前にテレビで、ネタは〝りんたろー。〟さんが作ってるって話してたから、
そうなるとネタを作る人にならない?』

さらに渡辺翔太は――

『番組でガッツリ共演してる四千頭身の後藤（拓実）さん。
ネタはもちろん、あのボソボソとネガティブっぽいキャラクターから、どんな言葉が生まれるのか。
単純にめっちゃ興味がある』

佐久間大介は「ヲタクの言語能力をナメるな」と独特の感性で、先輩のあの人を――。

『宮田くんでも塚田くんでもないよ。
やっぱり風間俊介くん！
ディズニーヲタクで、ありとあらゆるファンタジー、空想世界に精通しているから、
絶対に壮大な歌詞を書いてくれる』

ならば宮舘涼太の〝どストレート〟なひと言はどうだ？

『俺は普通にヒゲダン（Official髭男dism）さん。
江頭2：50さんに引っ張られて忘れてるかもしれないけど、
嵐が米津（玄師）さんなら、俺らは背伸びしてヒゲダンさんにお願いしたい』

さらに目黒蓮は——

『Twenty★Twentyでお世話になった、
ミスチル（Mr.Children）の櫻井和寿さんに書いて頂ければ夢みたい』

——と、しんみりと語り、向井康二は、

『BOROさんや。
大阪人にとっては神様やからね』

——と、本気かネタか、わからない意見を。

それでは最後に、この人に締めて頂くとしよう。

『大切なのは俺たちがコラボしたいんじゃなく、
向こうから「コラボしたい」――って言われるアーティストになることじゃね？』〈岩本照〉

リーダーらしい冷静なご意見。

さて、岩本照が言うように「Ｓｎｏｗ Ｍａｎとコラボしたい！」と、最初に声をかけてくるのは誰だろう。

近い将来、実現するであろうことを願って、楽しみに待とう――。

岩本照

『俺はいつか今の顔を変えたいんです。
整形とかじゃないですよ（笑）。
仕事と実績で〝本物の男の顔〟に』

「顔を変えたい」とは一瞬ドキッとさせられたが、男は仕事や、その仕事で掴んだ自信によって、より逞しい顔に変わっていくものなのだ。

『長くJr.にいたからこそ言えるのは、
ライバルと戦う時間よりも、
実は自分自身と向き合い、
自分自身と戦う時間のほうが長いってこと。
その覚悟が出来ていないと夢は掴めません』

本当の〝敵〟は自分の中に潜む弱い心。何度も負けそうに、挫けそうになりながらも、岩本照は夢を叶えるまでは諦めずに戦ってきたのだ。

深澤辰哉

『「鳥は空を自由に飛べて羨ましい」と言う人がいるけど、
彼らは何百、何千回と必死に羽根を羽ばたかせ、
強い逆風に立ち向かいながら飛んでいる。
見た目だけで羨ましがるのは、きっと違う』

外見よりも本質に目を向けなければ、人は成長することが出来ない。
深澤辰哉が意識する物事の捉え方。

『一度でも他人の真似をして上手くいくと、
それからずっと真似をして生きなきゃいけない。
俺にはそんなことが出来ないから、
ショボくてもオリジナルでいたい』

成功した人の真似をすれば、自分もある程度の成功を掴めるかもしれない。しかし所詮は人真似、オリジナルを上回る成功は掴めやしない。人真似とオリジナル、どちらの生き方を選ぶ？

ラウール

『僕の人生は常に進行形、〝ing〟で生きていきたい。〝Go〟はあっても〝Stop〟はない』

いかにもラウールらしい、猪突猛進の考え方。Goは〝Future〟を指し、StopはNowではなく〝Past〟を指すのだ。

『Snow Manに入って学んだこと——
自分のミスや間違いを素直に認めることの大切さ。
そこから学ぶ新しい自分。
毎日が本当に楽しいよ！』

ミスや失敗を素直に認めて改めることこそ、新たな自分との出会いに通じる。自身の体験から学ぶことが、ラウールにとって何よりも大きな糧になるだろう。

渡辺翔太

『俺らの進む道は険しくて当たり前。
緩くなったら何かの罠。
それを肝に銘じておけば、楽して近道しようなんて気にはならないよ』

最初から「どれだけ苦労しても夢を叶えるんだ」――と強い想いでジャニーズJr.入りした渡辺翔太。「緩くなったら何かの罠」とは、経験に基づいた渡辺流〝人生哲学〟。

『夢や目標は持ってなきゃいけないけど、
それは目の前のことをクリア出来る者だけに許される未来。
目の前の壁からすぐ逃げ出すヤツに、夢を語る資格はない』

説明不要の名ゼリフ。渡辺翔太のストイックさを象徴するひと言。

向井康二

『雨が降ったら普通の人は傘を差す。
でもたまには濡れて歩いてみたら、
今まで見逃していた景色に気づくかもしれない。
上京する前、雨のミナミでそんなことを考えてみた』

いよいよ関西ジャニーズJr.を離れる時、大阪の街を目に焼きつけた向井康二。それが上京の決断のせいか、あるいは雨のせいか……。彼の見た〝景色〟は確かに違ったのだ。

『アホな関西人いっぱい見てきたからね。
「あのオッさんらよりマシやん」と思えば、
たいがいのことには落ち込まへんよ（笑）』

どんなに失敗しても、悔しい思いをしても、向井康二には「あの人らよりはマシやで」――と、自らを鼓舞することが出来る思い出が。それは子供の頃から見てきた、テレビの向こうの吉本新喜劇。

阿部亮平

『ある人のセリフで、
「残りの人生の中で今日が一番若い」――っていうのがあって、
それって究極のポジティブだと思いません?
年は取るんじゃなくて、逆にどんどん若返っていくんですもん』

「残りの人生の中で今日が一番若い」――まだ10代や20代の皆さんには
ピンと来ないかもしれないが、阿部亮平の言う通り、これほど
ポジティブな言葉はあるまい。

『Jr.に入った頃、先輩たちから――
「チャンスは自分で作れ」
「貪欲にもぎ取れ」
――と言われて自分なりに頑張ったつもりだけど、
その言葉を本当に理解するまで15年かかったよ』

お勉強キャラから気象予報士、そしてクイズ王へと進化する阿部亮平をして、チャンスを自分で〝作れた〟と実感したのは最近なのだ。

目黒蓮

『人生はステップ。
〝1、2、3〟の次に〝4、5〟がある。
いきなり〝4、5〟は来ない』

コツコツと、一歩ずつ前に進みたい。誰にも負けないスキルを身につけるためには、ステップの過程が重要なのだ。

『俺は〝負け〟を知ってるから、勝った時の喜びが何倍にもなる。
勝ち負けのどちらが本当に価値があるか──。
わかるよね？』

Jr.歴は旧Ｓｎｏｗ Ｍａｎメンバーには及ばないが、先の見えない
〝負け組〟の悔しさは嫌というほど味わった目黒蓮。だからこそ
言える〝負ける経験の価値〟。

宮舘涼太

『たまに〝ポーカーフェイス〟って言われることがあるんだけど、
それは「どんな困難も最後は気持ちの強さで決まる」――と信じてるから。
まあ、いまだにテレビはパニクるけどね(苦笑)』

〝クールなダテ様〟を作り上げたのは、その意志の強さと〝信じる力〟。
バラエティでパニックになるのは、いずれ〝慣れ〟で克服出来るはずだ。

『ルックスがイケメンと言われるより、
〝生き方がイケメン〟と言われたい。
それだけは本当、ずっと変わらないなぁ～』

新たなワード〝生き方イケメン〟。岩本照の「顔を変えたい」にも通じる、〝男としての信念〟が表に現れるのだ。

佐久間大介

『もし明日が寿命だと言われても、今の自分を変えたくない。
ヲタクだ何だと言われても、俺は後悔のないようにやり切っているから』

宮田俊哉、塚田僚一、そして佐久間大介の〝ヲタク3銃士〟に共通するスーパーポジティブ思考が生み出した姿勢。自信を持って〝好き〟を突き詰めている者にしか言えないセリフ。

『実力よりも半歩先の挑戦を続けてきたから、今の俺がある。
後輩たちに唯一教えられるのは、それぐらいかな』

横並びの挑戦は〝挑戦〟とは言えない。しかし一歩先の挑戦も
単に無謀なだけ。自らを高めるのは、実力の半歩先にある挑戦。

エピローグ

Ｓｎｏｗ Ｍａｎが主演を務める映画『滝沢歌舞伎 ＺＥＲＯ ２０２０ Ｔｈｅ Ｍｏｖｉｅ』の本予告が、全国ロードショーの2ヶ月前にあたる10月5日からＹｏｕＴｕｂｅ松竹チャンネルで公開されている。

ジャニー喜多川氏が企画、構成、総合演出を務め、２００６年より上演されてきた『滝沢歌舞伎』（２００９年まで『滝沢演舞城』）。２０１９年には『滝沢歌舞伎ＺＥＲＯ』として滝沢秀明氏が演出、Ｓｎｏｗ Ｍａｎが主演で生まれ変わり、今年は舞台と映画を融合させた〝舞台映画〟『滝沢歌舞伎 ＺＥＲＯ ２０２０ Ｔｈｅ Ｍｏｖｉｅ』として、12月4日から全国の映画館で公開される。

「予告編をご覧になった方は、Ｓｎｏｗ Ｍａｎの驚異的な身体能力を生かしたダイナミックかつセクシーなパフォーマンスに目を奪われたことでしょう。特に初めて彼らの舞台映像に触れた皆さんは、まさに圧巻のひと言だったと思います。深澤くんが町娘に扮したコミカルな芝居パートまで、テレビ放送（ＣＭ）が始まったら、一気に話題が集中するに違いありません」（松竹映画関係者）

60秒の本予告は『滝沢歌舞伎ZERO』の人気演目〝腹筋太鼓〟に挑む、男たちの雄々しい雄叫びから始まる。

花吹雪が舞う中での華麗なダンスや殺陣、アクションと共に、岩本照、深澤辰哉、ラウール、渡辺翔太、向井康二、阿部亮平、目黒蓮、宮舘涼太、佐久間大介、それぞれのエモーショナルかつセクシーなショットが散りばめられ、未来都市のようなビジュアルまでテンポよく構成されている。

さすがジャニーズJr.時代から映像制作、編集に才能を発揮した滝沢秀明氏の手による予告編だ。

「正直なところ、コロナ禍で舞台が中止になり、滝沢くんが『**舞台と映画を融合させた劇場版で新しいエンタテインメントを作り上げる**』――と言い出した時は、大した本編にならないだろうと見くびっていました。ところが予告編を見て、僕らテレビの人間たちも衝撃を受けざるを得なかった。同時に滝沢くんがどれほどSnow Manに目をかけ、彼らの魅力を熟知しているのか――その愛情にも溢れていました」（フジテレビディレクター）

劇場版は全国公開の前に、すでに『滝沢歌舞伎』の聖地ともいえる東京・新橋演舞場（10月4日～7日）、京都・南座（10月23日～11月1日）、名古屋・御園座（11月2日～10日）で特別上映され、3劇場・全62回の鑑賞チケットは即時完売。

誰もが「最高すぎる」と、声を揃えてその感想を口にしたという。

「この作品で証明されたのは、Ｓｎｏｗ Ｍａｎのポテンシャルの高さ。そしてＢＴＳやＥＸＯなど世界的な韓流スターでも追いつけない、新たなパフォーマンスを見せつけてくれたこと。滝沢くんが『**Ｓｎｏｗ Ｍａｎを世界に発信する**』――と自信満々だった理由が、ようやくわかりました。いや、わかったとかわからないのレベルではなく、完璧に魅せられてしまいました」（同ディレクター）

２０２１年は世界へ――その予感しかしない。

Ｓｎｏｗ Ｍａｎの未来は、眩いばかりの光で溢れている――。

Snow Man
To The LEGEND
─ 伝説へ ─

〔著者プロフィール〕
あぶみ瞬（あぶみ・しゅん）

長年、有名アイドル誌の専属ライターを務めた後、地下アイドルのプロデューサーとしても実績を残す。同時にアイドルのみならず、クールジャパン系の情報発信、評論家としての活動を始める。本書では、彼の持つネットワークを通して、Snow Manと交流のある現場スタッフを中心に取材を敢行。メンバーが語った「言葉」と、周辺スタッフから見た彼らの"素顔"を紹介している。
主な著書に『Snow Man―俺たちの歩むべき道―』『SixTONES × Snow Man ― go for the TOP! ―』『Snow Man vs SixTONES ―俺たちの未来へ―』(太陽出版)がある。

Snow Man ― To The LEGEND ―
〜伝説へ〜

2020年11月22日　第1刷発行

著　者……………あぶみ瞬
発行者……………籠宮啓輔
発行所……………太陽出版
東京都文京区本郷4−1−14　〒113-0033
電話03-3814-0471／FAX03-3814-2366
http://www.taiyoshuppan.net/
デザイン・装丁…宮島和幸（ケイエム・ファクトリー）
印刷・製本………株式会社シナノパブリッシングプレス

ISBN978-4-86723-017-6

Snow Man

To The LEGEND

―伝説へ―

◆ 既刊紹介 ◆

Snow Man vs SixTONES
―俺たちの未来へ―

あぶみ瞬［著］ ¥1,400円+税

『何があっても俺がSnow Manを引っ張る。
それを改めて８人が認めてくれるような、
そんな男にならなければいけない』〈岩本照〉

vs

『メンバー６人で、誰も見たことがない景色を見てみたい。
SixTONESをそこまで高めるのが俺の役割』〈ジェシー〉

ユニット結成からデビューに至るまでの葛藤、
デビューまでの舞台裏と今後の戦略、
メンバー間の結束と絆――
彼らの知られざる素顔が満載！
側近スタッフしか知らないエピソード解禁!!

【主な収録エピソード】

・“Snow Man vs SixTONES”――戦友からライバルへ
・ジェシーに救われた松村北斗
・滝沢秀明がSnow Manに告げたセリフ
・Snow Man、SixTONES――彼らが“動かなかった”理由
・YouTube開設で見い出された2組の才能

HiHi Jets×美 少年×なにわ男子
NEXTブレイク！

あぶみ瞬［著］ ¥1,400円+税

NEXTデビュー＆NEXTブレイクを狙う
超人気ユニットの情報解禁!!
メンバー自身の言葉、側近スタッフが明かすエピソード――
次世代を担う３組の“知られざる素顔”が満載!!

◆ 既刊紹介 ◆

SixTONES × Snow Man
—go for the TOP!—

あぶみ瞬［著］ ¥1,400円+税

『“6つの個性がぶつかり合って1つの大きな力が生まれる”
——そんなグループになりたい』〈ジェシー〉
×
『Snow Man は一つの船で、その船に数え切れないほど
たくさんの夢や希望を乗せ、大海に船出する。
俺たちがどこに向かうかによって、
たくさんの夢や希望の“未来”も決まる』〈岩本照〉

今、“頂点”目指して駆け上る、SixTONES × SnowMan
彼ら自身が語った言葉と側近スタッフが明かすエピソードで綴る
SixTONES × Snow Man の“知られざる素顔”!!

【主な収録エピソード】

・岩本照がデビュー直前に見た夢
・深澤辰哉の“アクロバット”への強いこだわり
・ラウールが上る“世界的なアーティスト”への階段
・渡辺翔太はSnow Manを引っ張る“社交性オバケ”
・向井康二が“東京のバラエティ”に懸ける意気込み
・目指せ！ クイズ番組の“賞金ハンター”阿部亮平
・目黒蓮がSnow Manに吹き込む“新風”
・宮舘涼太の夢は“大河ドラマ出演”
・佐久間大介の“NGなし”で突っ走る宣言！

NEXTブレイク前夜！
Snow Man × SixTONES × なにわ男子

あぶみ瞬［著］ ¥1,300円+税

次世代を担う超人気ユニット——
滝沢秀明プロデューサー率いる3組の知られざる素顔が満載！
NEXTブレイクを狙う超人気ユニットの情報解禁!!
初公開★エピソード満載!!

◆ 既刊紹介 ◆

SixTONES　×6
—俺たちの音色—

あぶみ瞬［著］ ¥1,400円+税

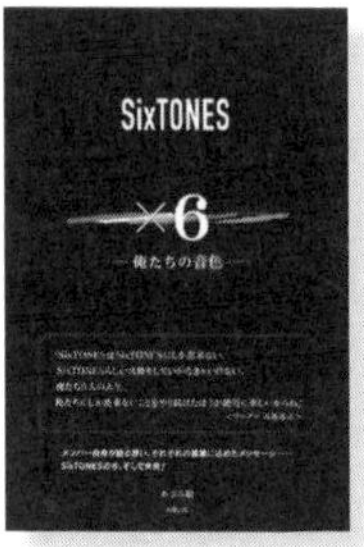

『SixTONES は SixTONES にしか出来ない、
SixTONES らしい活動をしていかなきゃいけない。
俺たちにしか出来ないことをやり続けたほうが
絶対に楽しいからね』〈高地優吾〉

メンバー自身が語る想い、
それぞれの言葉に込めたメッセージ——
SixTONES の今、そして未来！

【主な収録エピソード】

・ジェシー、そしてＳｉｘＴＯＮＥＳが目指す“世界”
・京本大我が語る“メンバー同士の距離感”
・松村北斗が見つけた“歩むべき道”
・リーダー高地優吾の決意
・森本慎太郎を奮い立たせた言葉
・田中樹とメンバー間に築かれた“絶対的な信頼関係”

King & Prince
キンプリ★スタイル

谷川勇樹［著］ ¥1,400円+税

メンバー自身が語る想い、
それぞれの言葉に込めたメッセージ
彼ら自身が語った言葉と、
側近スタッフが明かすエピソードで綴る
—— King & Prince の“リアルな素顔”——